RANJOT SINGH CHAHAL

Les Fondements de la Gestion d'Entreprise

Un Guide Complet pour les Managers Modernes

First published by Rana Books 2024

Copyright © 2024 by Ranjot Singh Chahal

All rights reserved. No part of this publication may be reproduced, stored or transmitted in any form or by any means, electronic, mechanical, photocopying, recording, scanning, or otherwise without written permission from the publisher. It is illegal to copy this book, post it to a website, or distribute it by any other means without permission.

First edition

Contents

Chapitre 1 : Comprendre la gestion d'entreprise — 1
Chapitre 2 : Planification — 9
Chapitre 3 : Organisation — 20
Chapitre 4 : Diriger — 28
Chapitre 5 : Contrôler — 36
Chapitre 6 : Prise de décision — 43
Chapitre 7 : La communication en gestion — 52
Chapitre 8 : Gérer le changement — 63
Chapitre 9 : Gestion des ressources humaines — 72
Chapitre 10 : Gestion financière — 80
Chapitre 11 : Gestion du marketing — 84
Chapitre 12 : Gestion des opérations — 91

Chapitre 1 : Comprendre la gestion d'entreprise

Importance de la gestion d'entreprise :

La gestion d'entreprise est cruciale pour le succès et la pérennité de toute organisation. Cela implique de planifier, d'organiser, de diriger et de contrôler les ressources pour atteindre les objectifs de l'organisation de manière efficiente et efficace. Voici quelques raisons clés soulignant l'importance de la gestion d'entreprise :

1. Atteindre les objectifs organisationnels :
   La gestion d'entreprise aide à aligner les efforts des employés sur les buts et objectifs de l'organisation. Cela garantit que tout le monde travaille vers un objectif commun, conduisant à une productivité accrue et à un succès global.

2. Optimisation des ressources :
   Une gestion efficace garantit que les ressources telles que le capital humain, les ressources financières et la technologie sont utilisées de manière optimale. En gérant efficacement les ressources, les organisations peuvent minimiser les coûts et maximiser les profits.

3. Prise de décision :

Les managers jouent un rôle crucial dans la prise de décisions importantes qui peuvent avoir un impact sur la performance de l'organisation. En utilisant leurs connaissances et leur expertise, les gestionnaires peuvent faire des choix éclairés qui profitent à l'organisation à long terme.

4. Adaptabilité et innovation :

Dans l'environnement commercial dynamique d'aujourd'hui, l'adaptabilité et l'innovation sont essentielles pour rester compétitif. Des pratiques de gestion efficaces permettent aux organisations de s'adapter aux changements du marché, des tendances du secteur et de la technologie, favorisant ainsi l'innovation et la croissance.

5. Gestion des risques :

La gestion d'entreprise implique d'identifier les risques potentiels et d'élaborer des stratégies pour les atténuer. En gérant les risques de manière proactive, les organisations peuvent se protéger contre les menaces et les incertitudes potentielles.

6. Engagement et développement des employés :

Les managers jouent un rôle important dans l'engagement et le développement des employés. En fournissant leadership, motivation et conseils, les managers peuvent améliorer le moral, la productivité et la satisfaction au travail des employés.

Fonctions de gestion :

Les fonctions de gestion englobent un ensemble d'activités interdépendantes qui sont essentielles à la réalisation des objectifs de l'organisation. Les quatre fonctions principales de la gestion sont la planification, l'organisation, la direction et le contrôle. Voici un aperçu de chaque fonction :

1. Planification :

La planification implique la définition d'objectifs, l'identification de stratégies et l'élaboration de plans pour atteindre les objectifs organisationnels. C'est le fondement du processus de gestion et fournit une orientation et un objectif à toutes les activités au sein de l'organisation. La planification aide à déterminer ce qui doit être fait, comment cela sera fait et qui le fera.

Exemple : Une entreprise de vente au détail qui envisage d'étendre ses activités sur un nouveau marché mène des études de marché, fixe des objectifs de vente et développe une stratégie marketing pour réussir son entrée sur le marché.

2. Organisation :

L'organisation implique la structuration des ressources, des tâches et des rôles au sein de l'organisation pour faciliter l'atteinte des objectifs. Cela comprend la conception de la structure organisationnelle, l'attribution des responsabilités et l'établissement de canaux de communication pour garantir une coordination et une collaboration efficaces.

Exemple : une entreprise manufacturière organise son processus de production en attribuant des tâches spécifiques à différents départements, en définissant des relations hiérarchiques et en établissant des flux de travail pour maximiser l'efficacité et la productivité.

3. Premier :

Diriger implique de guider et de motiver les employés pour atteindre les objectifs organisationnels. Cela nécessite des compétences efficaces en matière de communication, de prise de décision et de relations interpersonnelles pour inspirer et influencer les autres vers des objectifs communs. Les dirigeants fournissent orientation, soutien et encouragements à leurs équipes.

Exemple : un chef d'équipe dans une entreprise de logiciels motive et responsabilise les membres de l'équipe pour qu'ils respectent les délais du projet, favorise un environnement de travail positif et résout les conflits pour assurer la cohésion et le succès de l'équipe.

4. Contrôle :

Le contrôle implique de surveiller les performances, de mesurer les résultats et de prendre des mesures correctives pour garantir que les objectifs organisationnels sont atteints. Cela nécessite d'établir des normes de performance, de comparer les résultats réels à ces normes et de mettre en œuvre les changements nécessaires pour maintenir les progrès.

Exemple : un directeur d'hôtel établit des normes de qualité pour le service client, examine régulièrement les commentaires des clients et les mesures de performance, et résout les problèmes tels que les déficiences du service ou les inefficacités opérationnelles pour maintenir des niveaux de service élevés.

Évolution des théories de gestion :

CHAPITRE 1 : COMPRENDRE LA GESTION D'ENTREPRISE

Le domaine de la gestion a évolué au fil du temps, à mesure que les universitaires et les praticiens ont exploré différentes approches pour gérer efficacement les organisations. L'évolution des théories du management peut être classée en plusieurs étapes majeures, chacune reflétant les perspectives et tendances dominantes des pratiques de management. Voici quelques étapes clés de l'évolution des théories du management :

1. École de gestion classique (fin du 19e au début du 20e siècle) :
L'école de gestion classique a émergé pendant la révolution industrielle et s'est concentrée sur l'augmentation de l'efficacité et de la productivité des organisations. Les principaux contributeurs à cette école de pensée sont Frederick Taylor, Henri Fayol et Max Weber. Les principes de gestion scientifique de Taylor mettaient l'accent sur la spécialisation des tâches, la standardisation et l'analyse systématique des flux de travail pour améliorer la productivité. Les principes de gestion de Fayol mettaient en évidence des fonctions telles que la planification, l'organisation, le commandement, la coordination et le contrôle comme étant essentielles à une gestion efficace. La théorie de la gestion bureaucratique de Weber mettait l'accent sur les structures hiérarchiques, les règles et les procédures pour garantir l'efficacité organisationnelle.

Exemple : une entreprise de fabrication automobile adopte les principes de gestion scientifique de Taylor en analysant les processus de production, en mettant en œuvre des études temps-mouvement et en optimisant les flux de travail pour augmenter la production et réduire les coûts.

2. Mouvement des relations humaines (années 1930 à 1950) :

Le mouvement des relations humaines est apparu comme une réponse aux lacunes des théories classiques du management, qui négligeaient souvent les aspects humains des organisations. Des chercheurs tels qu'Elton Mayo et Abraham Maslow ont souligné l'importance des relations sociales, de la motivation et de la satisfaction des employés dans la performance organisationnelle. Ils ont fait valoir que bien traiter les employés, offrir des opportunités de participation et favoriser un environnement de travail positif pourrait conduire à une amélioration de la productivité et du moral.

Exemple : Une entreprise de vente au détail met en œuvre les conclusions des études Hawthorne en impliquant les employés dans les processus de prise de décision, en reconnaissant leurs contributions et en créant un environnement de travail favorable pour améliorer l'engagement et la satisfaction au travail des employés.

3. Théorie de la contingence (des années 1960 à nos jours) :
La théorie de la contingence reconnaît qu'il n'existe pas d'approche unique en matière de gestion et que les pratiques de gestion efficaces dépendent du contexte et des circonstances spécifiques de chaque situation. Des chercheurs tels que Joan Woodward et James Thompson ont souligné l'importance d'adapter les pratiques de gestion pour qu'elles correspondent à la structure, à la culture, aux objectifs et à l'environnement de l'organisation. La théorie de la contingence met l'accent sur la nécessité de flexibilité, d'adaptation et de réactivité dans les approches de gestion pour obtenir des résultats optimaux.

Exemple : une startup technologique adopte une structure

organisationnelle flexible et des pratiques de gestion de projet agiles pour répondre rapidement aux changements du marché, promouvoir l'innovation et s'adapter à l'évolution des besoins des clients.

4. Approches de gestion modernes (21e siècle) :

Les approches de gestion modernes se concentrent sur l'intégration des principes de gestion traditionnels aux tendances contemporaines telles que la mondialisation, la technologie, la durabilité et la diversité. Les managers d'aujourd'hui sont confrontés à des défis tels que la rupture numérique, le travail à distance, les considérations éthiques et la durabilité environnementale, qui les obligent à adopter l'innovation, la collaboration et la responsabilité sociale dans leurs pratiques de leadership. La gestion moderne met l'accent sur l'importance de la transformation numérique, de l'agilité stratégique, de la gestion des talents et de l'engagement des parties prenantes pour favoriser la réussite de l'organisation.

Exemple : une société multinationale exploite les technologies numériques, l'analyse des données et l'intelligence artificielle pour optimiser ses opérations, améliorer l'expérience client et acquérir un avantage concurrentiel sur le marché mondial.

En conclusion, comprendre la gestion d'entreprise est essentiel pour gérer efficacement les organisations et naviguer dans les complexités du monde des affaires. En reconnaissant l'importance de la gestion d'entreprise, en comprenant les fonctions de gestion et en explorant l'évolution des théories de gestion, les individus peuvent développer les connaissances, les compétences et l'état d'esprit nécessaires pour diriger les organisations avec succès et stimuler une croissance et une innovation durables.

Chapitre 2 : Planification

La planification est un aspect crucial de la gestion organisationnelle qui implique de fixer des objectifs et de décider à l'avance des actions nécessaires pour atteindre ces objectifs. Il s'agit d'un processus systématique qui aide les organisations à définir leurs objectifs et à développer des stratégies pour les atteindre efficacement. Dans ce chapitre, nous approfondirons différents types de planification, notamment la planification stratégique, la planification opérationnelle et la définition de buts et d'objectifs.

Planification stratégique

La planification stratégique est un processus de planification de haut niveau qui consiste à définir les objectifs à long terme d'une organisation et à déterminer les meilleures stratégies pour atteindre ces objectifs. Elle se concentre sur l'organisation dans son ensemble et implique la prise de décisions qui affectent l'orientation et la portée de l'organisation. La planification stratégique prévoit généralement une période de 3 à 5 ans, voire plus, en fonction du secteur d'activité de l'organisation et de la dynamique du marché.

Importance de la planification stratégique

1. Alignement des objectifs : la planification stratégique garantit que tous les niveaux de l'organisation sont alignés sur les mêmes buts et objectifs globaux.
2. Allocation des ressources : elle aide à allouer efficacement les ressources aux domaines qui sont cruciaux pour atteindre les objectifs à long terme.
3. Avantage concurrentiel : en identifiant les forces, les faiblesses, les opportunités et les menaces, la planification stratégique aide les organisations à acquérir un avantage concurrentiel sur le marché.
4. Adaptation : La planification stratégique permet aux organisations de s'adapter aux conditions changeantes du marché et de rester pertinentes dans un environnement commercial dynamique.

Exemple de planification stratégique

Prenons l'exemple d'une société technologique multinationale qui envisage d'étendre sa part de marché à l'échelle mondiale au cours des cinq prochaines années. Le processus de planification stratégique peut impliquer l'analyse des tendances du marché, l'identification des opportunités de croissance potentielles sur les marchés émergents, le développement de produits innovants et l'établissement de partenariats avec les principales parties prenantes. En fixant des objectifs à long terme et en développant des initiatives stratégiques, l'organisation peut se positionner comme un leader du marché dans le secteur technologique.

Planification opérationnelle

La planification opérationnelle est le processus de traduction des buts et objectifs stratégiques en actions spécifiques que les départements et les individus au sein d'une organisation doivent entreprendre pour atteindre ces objectifs. Il se concentre sur des plans à court terme (généralement dans un délai d'un an) et implique une planification détaillée des activités quotidiennes, de l'allocation des ressources et de l'attribution des tâches.

Importance de la planification opérationnelle

1. Efficience : La planification opérationnelle garantit que les ressources sont utilisées efficacement pour atteindre les objectifs à court terme.

2. Coordination : cela aide à coordonner les activités des différents départements pour assurer l'alignement avec les objectifs stratégiques.

3. Contrôle : La planification opérationnelle fournit une base pour suivre les progrès et apporter les ajustements nécessaires pour garantir que les objectifs sont atteints.

4. Gestion des risques : en identifiant les risques potentiels et en élaborant des plans d'urgence, la planification opérationnelle contribue à atténuer les incertitudes.

Certainement !

Chapitre 2 : Planification - Planification stratégique, planification opérationnelle, définition des buts et des objectifs

Dans ce chapitre, nous approfondissons les aspects critiques de la planification au sein d'une organisation. La planification est une fonction cruciale qui définit l'orientation stratégique et le cadre opérationnel pour atteindre les objectifs organisationnels. Cela implique de fixer des objectifs, de prévoir des scénarios futurs et de décrire les actions nécessaires pour atteindre les résultats souhaités.

Planification stratégique

La planification stratégique est le processus de définition de la stratégie d'une organisation, de prise de décisions sur l'allocation des ressources et d'alignement des initiatives pour atteindre les objectifs à long terme. Cela implique d'analyser l'environnement externe, d'identifier les opportunités et les menaces, d'évaluer les capacités internes et de formuler des stratégies pour positionner l'organisation sur la voie du succès.

Composantes de la planification stratégique :

1. Vision et mission : Établir une vision claire de l'état futur de l'organisation et définir son objectif au moyen d'un énoncé de mission.

Exemple : l'énoncé de mission de Google est « Organiser l'information mondiale et la rendre universellement accessible et utile ». Cela guide toutes leurs décisions stratégiques.

2. Analyse environnementale : effectuer une analyse SWOT (forces, faiblesses, opportunités, menaces) pour comprendre les facteurs internes et externes qui influencent l'organisation.

Exemple : la planification stratégique d'Apple implique l'analyse des tendances du marché, des préférences des consommateurs et des avancées technologiques pour garder une longueur d'avance sur la concurrence.

3. Définition d'objectifs : fixer des objectifs globaux qui définissent les résultats souhaités de l'organisation à long terme.

Exemple : l'objectif stratégique de Tesla d'accélérer la transition mondiale vers une énergie durable stimule l'innovation de ses produits et l'expansion du marché.

4. Formuler des stratégies : Développer des stratégies qui exploitent les forces, corrigent les faiblesses, capitalisent sur les opportunités et atténuent les menaces pour atteindre les objectifs de l'organisation.

Exemple : l'accent stratégique d'Amazon sur l'expérience client, l'efficacité opérationnelle et l'innovation a permis sa croissance rapide et sa domination du marché.

5. Allocation des ressources : allouer des ressources telles que le budget, le personnel et la technologie pour soutenir la mise en œuvre d'initiatives stratégiques.

Exemple : Microsoft investit stratégiquement dans la recherche et le développement pour stimuler l'innovation dans les technologies émergentes telles que l'intelligence artificielle et le cloud computing.

6. Suivi et évaluation : établir des indicateurs de performance clés (KPI) pour suivre les progrès vers les objectifs stratégiques et procéder à des ajustements en fonction des données de performance.

Exemple : Walmart évalue régulièrement la satisfaction des

clients, les mesures de vente et l'efficacité opérationnelle pour garantir l'alignement avec ses objectifs stratégiques.

Importance de la planification stratégique :

- Vision à long terme : fournit une feuille de route pour l'orientation future de l'organisation et aide à aligner les décisions sur les objectifs à long terme.

- Avantage concurrentiel : permet aux organisations d'anticiper les tendances du marché, de capitaliser sur les opportunités et de garder une longueur d'avance sur leurs concurrents.

- Optimisation des ressources : aide à allouer efficacement les ressources pour se concentrer sur des initiatives à fort impact qui stimulent une croissance durable.

- Adaptabilité : permet la flexibilité de répondre aux changements de l'environnement commercial et d'optimiser les stratégies en conséquence.

Planification opérationnelle

La planification opérationnelle se concentre sur les activités quotidiennes au sein d'une organisation pour soutenir la mise en œuvre des objectifs stratégiques. Cela implique de définir des tâches, de fixer des délais, d'allouer des ressources et de suivre les progrès pour garantir l'efficience et l'efficacité opérationnelles.

Composantes de la planification opérationnelle :

1. Fixer des objectifs : établir des objectifs spécifiques, mesurables, réalisables, pertinents et limités dans le temps (SMART) qui s'alignent sur les buts stratégiques.

Exemple : une entreprise manufacturière fixant un objectif de production mensuel pour répondre aux prévisions de demande et aux objectifs de revenus.

2. Répartition des tâches : attribuer des responsabilités et des tâches à des individus ou à des équipes pour garantir que les activités opérationnelles sont coordonnées et terminées à temps.

Exemple : un chef de projet assignant des tâches spécifiques aux membres de l'équipe en fonction de leur expertise et de leur disponibilité pour respecter les délais du projet.

3. Planification des ressources : identification des ressources nécessaires, telles que le budget, le personnel, l'équipement et le matériel, pour soutenir les activités opérationnelles.

Exemple : un restaurant planifie ses effectifs, l'approvisionnement en ingrédients et la maintenance des équipements pour fournir un service de qualité aux clients.

4. Développement d'un calendrier : création d'un calendrier ou d'un calendrier qui décrit la séquence d'activités, les délais, les dépendances et les jalons pour suivre les progrès.

Exemple : Une entreprise de construction élaborant un calendrier de projet pour garantir l'achèvement en temps voulu des différentes phases d'un projet de construction.

5. Gestion des risques : identifier les risques potentiels, élaborer des stratégies d'atténuation et mettre en œuvre des plans d'urgence pour faire face aux défis imprévus.

Exemple : un service informatique prépare des plans de sauvegarde et de reprise après sinistre pour minimiser les temps d'arrêt en cas de panne du système ou de cyberattaques.

6. Surveillance des performances : suivre les indicateurs de performance clés (KPI), évaluer les progrès et procéder à des ajustements pour garantir l'efficience et l'efficacité opérationnelles.

Exemple : une équipe commerciale surveille les mesures de vente, les commentaires des clients et les tendances du marché pour ajuster les stratégies de vente et atteindre les objectifs de revenus.

Importance de la planification opérationnelle :

- Efficacité : rationalise les opérations quotidiennes et garantit que les ressources sont utilisées efficacement pour atteindre les résultats souhaités.

- Coordination : Facilite la coordination entre les différents départements et équipes pour travailler vers des objectifs communs.

- Adaptabilité : permet aux organisations de réagir rapidement aux changements dans l'environnement opérationnel en ajustant les plans et les priorités.

- Atténuation des risques : identifie les risques potentiels et prépare des plans d'urgence pour minimiser les perturbations et assurer la continuité des opérations.

Fixer des buts et des objectifs

L'établissement de buts et d'objectifs est un aspect fondamental du processus de planification car il fournit une orientation et un objectif clairs aux individus et aux organisations. Les objectifs sont des déclarations générales et qualitatives des résultats souhaités, tandis que les objectifs sont des cibles spécifiques et mesurables qui aident à suivre les progrès vers l'atteinte de ces résultats.

Caractéristiques des buts et objectifs efficaces :

1. Spécifique : les buts et les objectifs doivent être clairs, bien définis et spécifiques dans la description de ce qui doit être accompli.

Exemple : Augmenter la part de marché de 10 % au cours du prochain exercice est un objectif spécifique qui fournit une cible claire à l'équipe commerciale.

2. Mesurable : les buts et les objectifs doivent inclure des mesures quantitatives ou qualitatives qui peuvent être utilisées pour suivre les progrès et évaluer le succès.

Exemple : Atteindre un taux de satisfaction client de 90 % est un objectif mesurable qui constitue une référence en matière de qualité de service.

3. Réalisable : les buts et les objectifs doivent être réalistes et réalisables en fonction des ressources, des capacités et des contraintes externes existantes.

4. Pertinent : les buts et les objectifs doivent être alignés sur la mission, la vision et les priorités stratégiques de l'organisation pour garantir qu'ils contribuent au succès global.

Exemple : Le lancement d'une nouvelle gamme de produits qui complète les offres existantes s'aligne sur la stratégie de croissance de l'entreprise.

5. Limité dans le temps : les buts et les objectifs doivent avoir un calendrier ou une date limite d'achèvement défini afin de créer un sentiment d'urgence et de responsabilité.

Exemple : augmenter les ventes en ligne de 20 % en six mois fournit un calendrier clair pour atteindre l'objectif de vente.

Importance de fixer des buts et des objectifs :

- Direction : Fournit une idée claire de l'orientation et du but, guidant la prise de décision et la priorisation des efforts.

- Motivation : définit des attentes et des jalons clairs pour les individus et les équipes, les motivant à se concentrer sur l'obtention de résultats spécifiques.

- Mesure : permet le suivi des progrès et l'évaluation des performances sur la base de mesures prédéfinies, facilitant la responsabilisation et l'amélioration continue.

- Alignement : assure l'alignement entre les objectifs individuels, départementaux et organisationnels pour favoriser la collaboration et la synergie au sein de l'organisation.

En résumé, une planification efficace, y compris la planification stratégique, la planification opérationnelle et la définition de buts et d'objectifs, est essentielle pour que les organisations puissent relever les défis, saisir les opportunités et parvenir à une croissance durable. En intégrant ces processus de planification dans leurs pratiques de gestion, les organisations peuvent améliorer leur agilité, leur réactivité et leur compétitivité dans le paysage commercial dynamique d'aujourd'hui.

Chapitre 3 : Organisation

L'organisation est une fonction cruciale de la gestion qui implique d'organiser les ressources, les tâches et les personnes pour atteindre les objectifs d'une organisation de manière efficace et efficiente. Dans ce chapitre, nous approfondirons trois aspects fondamentaux de l'organisation : la structure organisationnelle, la délégation d'autorité et la départementalisation.

Structure organisationnelle

La structure organisationnelle fait référence au cadre qui dicte la manière dont les activités sont divisées, regroupées et coordonnées au sein d'une organisation. Il définit la hiérarchie des autorités, les relations hiérarchiques et les canaux de communication. La structure organisationnelle peut être conçue de différentes manières en fonction de la taille, de la nature et des objectifs de l'organisation. Explorons quelques types courants de structures organisationnelles :

1. Structure fonctionnelle : Dans une structure fonctionnelle, les activités sont regroupées en fonction de fonctions telles que le marketing, les finances, les opérations et les ressources

humaines. Ce type de structure favorise la spécialisation et permet une allocation efficace des ressources au sein de chaque domaine fonctionnel.

Exemple : Une grande entreprise manufacturière peut avoir des départements de production, de marketing, de finance et de ressources humaines, chacun dirigé par un responsable fonctionnel.

2. Structure divisionnaire : dans une structure divisionnaire, l'organisation est divisée en divisions autonomes en fonction des produits, des régions géographiques ou des segments de clientèle. Chaque division fonctionne comme une entité distincte avec ses propres ressources et fonctions.

Exemple : Une société multinationale peut avoir des divisions distinctes pour différentes gammes de produits, chacune avec ses propres fonctions de vente, de marketing et de production.

3. Structure matricielle : Une structure matricielle combine des éléments de structures fonctionnelles et divisionnaires. Les employés relèvent à la fois d'un responsable fonctionnel et d'un chef de projet, ce qui permet une collaboration interfonctionnelle et une flexibilité.

Exemple : une entreprise de construction peut utiliser une structure matricielle pour de grands projets dans lesquels des employés de différents domaines fonctionnels tels que l'ingénierie, les achats et les opérations collaborent.

4. Structure plate : Dans une structure plate, il y a peu de niveaux

de gestion entre les employés de première ligne et les cadres supérieurs. Cette structure favorise une prise de décision rapide et des canaux de communication ouverts.

Exemple : une entreprise en démarrage peut avoir une structure organisationnelle plate avec le PDG supervisant directement une petite équipe d'employés.

5. Structure hiérarchique : Dans une structure hiérarchique, il existe une chaîne de commandement claire où les décisions circulent de la haute direction aux employés de niveau inférieur. Cette structure est courante dans les organisations traditionnelles avec des relations hiérarchiques rigides.

Exemple : Une agence gouvernementale peut avoir une structure hiérarchique avec plusieurs niveaux de direction, de superviseurs et de travailleurs de première ligne.

Choisir la bonne structure organisationnelle est essentiel pour maximiser l'efficacité, la communication et la productivité des employés au sein d'une organisation. Chaque structure a ses avantages et ses défis, et le choix optimal dépend de la taille, du secteur d'activité, de la culture et des objectifs stratégiques de l'organisation.

Délégation de pouvoirs

La délégation de pouvoir est le processus d'attribution de responsabilités et de pouvoir décisionnel aux employés à différents niveaux de l'organisation. Une délégation efficace est cruciale pour responsabiliser les employés, promouvoir l'autonomie et permettre aux managers de se concentrer sur les tâches stratégiques. Voici les principes clés et les avantages de la délégation :

1. Principes de délégation :

- Instructions claires : lors de la délégation de tâches, les gestionnaires doivent fournir des instructions, des lignes directrices et des attentes claires pour garantir que les employés comprennent leurs responsabilités.

- Faites correspondre les tâches avec les compétences : les tâches déléguées doivent correspondre aux compétences, à l'expertise et aux capacités des employés pour garantir leur réussite.

- Autorité et responsabilité : déléguer l'autorité implique également d'attribuer la responsabilité des résultats des tâches déléguées. Les employés doivent être tenus responsables de leur performance.

- Commentaires et soutien : les managers doivent fournir des commentaires, des conseils et un soutien aux employés tout au long des tâches déléguées afin de faciliter l'apprentissage et le développement.

2. Avantages de la délégation :

- Efficacité accrue : la délégation permet d'accomplir les tâches plus rapidement et plus efficacement en répartissant le travail entre des employés compétents.

- Développement des employés : la délégation de tâches aide les employés à améliorer leurs compétences, à acquérir de l'expérience et à renforcer leur confiance en leurs capacités.

- Concentration sur les tâches stratégiques : les gestionnaires peuvent se concentrer sur la planification stratégique, la prise de décision et les tâches hautement prioritaires en déléguant des activités de routine ou opérationnelles.

- Engagement des employés : la délégation responsabilise les employés, remonte le moral et favorise un sentiment d'appropriation et de responsabilité au sein de l'organisation.

Exemple de délégation :

Supposons qu'un responsable marketing délègue la tâche d'organiser un événement promotionnel à un coordinateur marketing. Le responsable fournit des instructions détaillées, les contraintes budgétaires et les résultats souhaités pour l'événement. Le coordinateur marketing est chargé de coordonner avec les fournisseurs, de sélectionner le lieu, de créer du matériel promotionnel et d'assurer le succès de l'événement. Tout au long du processus, le responsable fournit des conseils, des commentaires et un soutien au coordinateur. Une fois l'événement terminé, le coordonnateur est chargé d'évaluer son efficacité et d'en faire rapport au gestionnaire.

Départementalisation

La départementalisation est le processus de regroupement des activités, des tâches et des ressources en départements distincts au sein d'une organisation. La départementalisation est essentielle pour promouvoir la spécialisation, la coordination et la communication entre les employés. Voici les méthodes courantes de départementalisation :

1. Départementalisation fonctionnelle : les activités sont regroupées en fonction de fonctions telles que le marketing, les finances, les opérations et les ressources humaines. Ce type de

départementalisation permet une spécialisation et une expertise au sein de chaque domaine fonctionnel.

Exemple : une entreprise manufacturière peut avoir des départements distincts pour la production, les ventes, les finances et la recherche et développement.

2. Départementalisation des produits : les activités sont regroupées en fonction de produits ou de lignes de produits spécifiques. Cette approche de départementalisation convient aux organisations disposant de portefeuilles de produits diversifiés.

Exemple : une entreprise de biens de consommation peut disposer de départements distincts pour les produits alimentaires, les produits de soins personnels et les articles ménagers.

3. Départementalisation géographique : les activités sont regroupées en fonction de régions ou de lieux géographiques. Cette approche de départementalisation est courante dans les sociétés multinationales opérant dans différents pays ou régions.

Exemple : une chaîne de vente au détail internationale peut avoir des départements distincts pour l'Amérique du Nord, l'Europe, l'Asie et l'Amérique latine, chacun gérant les opérations dans leurs régions respectives.

4. Départementalisation client : les activités sont regroupées en fonction de segments ou de types de clients. Cette approche de départementalisation est bénéfique pour les organisations servant des groupes de clients distincts ayant des besoins

uniques.

Exemple : une société de services financiers peut disposer de départements distincts pour les clients de détail, les entreprises et les particuliers fortunés.

5. Départementalisation des processus : les activités sont regroupées en fonction de processus ou de flux de travail spécifiques. Cette approche de départementalisation est efficace pour les organisations ayant des processus de production ou de prestation de services complexes.

Exemple : une société de développement de logiciels peut disposer de départements distincts pour la programmation, les tests, l'assurance qualité et la gestion de projet.

Chaque méthode de départementalisation présente ses avantages et ses défis, et les organisations utilisent souvent une combinaison d'approches de départementalisation pour répondre à leurs besoins spécifiques. Le choix de la départementalisation dépend de facteurs tels que la taille de l'organisation, le secteur d'activité, les offres de produits/services et les objectifs stratégiques.

Conclusion

En conclusion, l'organisation joue un rôle essentiel pour assurer le fonctionnement efficace d'une organisation en structurant les ressources, les tâches et les personnes de manière coordonnée. La structure organisationnelle définit la manière dont les activités sont regroupées et coordonnées, la délégation de pouvoir responsabilise les employés et favorise la responsabilité, et la départementalisation facilite la spécialisation et la coordination au sein d'une organisation.

En comprenant et en mettant en œuvre des principes d'organisation efficaces, les managers peuvent améliorer l'efficacité organisationnelle, l'engagement des employés et la performance globale. L'évaluation et l'adaptation continues des structures organisationnelles, des pratiques de délégation et des méthodes de départementalisation sont essentielles pour répondre aux besoins et aux défis changeants de l'environnement commercial dynamique d'aujourd'hui.

Chapitre 4 : Diriger

Dans toute organisation, le leadership joue un rôle crucial en guidant les individus et les équipes vers la réalisation de buts et d'objectifs communs. Un leadership efficace implique une combinaison d'adoption de styles de leadership appropriés, d'emploi de techniques de motivation pour inspirer et impliquer les employés et de promotion d'un environnement d'équipe cohésif grâce à des activités de team building. Dans ce chapitre, nous approfondirons ces trois aspects clés du leadership : les styles de leadership, les techniques de motivation et la constitution d'une équipe.

1. Styles de leadership :

Les styles de leadership font référence à l'approche adoptée par un leader pour fournir une orientation, mettre en œuvre des plans et motiver les membres de l'équipe. Différents styles de leadership ont été identifiés au fil des années, chacun ayant ses caractéristiques uniques et son impact sur la performance organisationnelle. Discutons de quelques styles de leadership importants :

1.1. Leadership autocratique :

Le leadership autocratique se caractérise par la centralisation du pouvoir de décision entre les mains du leader. Dans ce style, le leader prend toutes les décisions sans consulter les membres de l'équipe, ce qui peut entraîner une prise de décision rapide mais peut entraîner une baisse du moral et de la motivation des employés. Un exemple de leader autocratique est Steve Jobs lorsqu'il travaillait chez Apple, connu pour son contrôle strict sur la conception des produits et la prise de décision.

1.2. Leadership démocratique :

Le leadership démocratique implique de recueillir les commentaires des membres de l'équipe avant de prendre des décisions. Les leaders de ce style valorisent la collaboration et recherchent le consensus entre les membres de l'équipe. Cette approche améliore l'engagement des employés et favorise un sentiment d'appropriation parmi les membres de l'équipe. Un exemple notable de leader démocrate est Indra Nooyi, l'ancien PDG de PepsiCo, qui a encouragé une communication ouverte et une implication dans les processus décisionnels.

1.3. Leadership transformationnel :

Le leadership transformationnel vise à inspirer et à motiver les membres de l'équipe pour atteindre des niveaux de performance élevés. Les dirigeants qui adoptent ce style font souvent preuve de charisme, de vision et de capacité à responsabiliser les autres. Ils encouragent l'innovation et aident les individus à réaliser leur plein potentiel. Elon Musk est un leader transformationnel exemplaire, connu pour son approche visionnaire et sa capacité à inspirer ses équipes dans des entreprises comme Tesla et SpaceX.

1.4. Leadership serviteur :

Le leadership serviteur met l'accent sur la satisfaction des besoins des autres avant l'intérêt personnel. Les leaders de ce style donnent la priorité à la croissance et au bien-être de leurs employés, dans le but de les soutenir et de les développer pour qu'ils atteignent leur plein potentiel. Le Mahatma Gandhi est un exemple historique de leader serviteur, connu pour son dévouement altruiste au service des autres et pour son exemple.

1.5. Leadership du laissez-faire :

Le leadership laissez-faire implique une approche non interventionniste, dans laquelle les dirigeants délèguent le pouvoir de décision aux membres de l'équipe. Ce style peut promouvoir la créativité et l'autonomie, mais peut conduire à un manque d'orientation et de responsabilité. Un exemple de leader du laissez-faire est Richard Branson, qui laisse à ses équipes du groupe Virgin la liberté d'innover et de prendre des décisions de manière indépendante.

2. Techniques de motivation :

La motivation est essentielle pour stimuler la performance, l'engagement et la satisfaction des employés au sein d'une organisation. Les leaders efficaces emploient diverses techniques de motivation pour inspirer et encourager les membres de leur équipe. Explorons quelques techniques de motivation éprouvées :

2.1. Reconnaissance et récompense :

La reconnaissance et la récompense sont de puissants facteurs de motivation qui reconnaissent les efforts et les réalisations des employés. Les dirigeants peuvent exprimer leur appréciation par le biais d'une reconnaissance verbale, de récompenses, de primes, de promotions ou d'autres incitations. En reconnaissant et en récompensant les performances exceptionnelles, les dirigeants peuvent remonter le moral et renforcer les comportements souhaités. Par exemple, le programme « prime par les pairs » de Google permet aux employés de reconnaître et de récompenser leurs pairs pour leurs contributions exceptionnelles.

2.2. Établissement d'objectifs :

Fixer des objectifs clairs et réalisables est une technique de motivation fondamentale utilisée par les dirigeants pour aligner les efforts individuels sur les objectifs organisationnels. En établissant des objectifs SMART (spécifiques, mesurables, réalisables, pertinents, limités dans le temps), les dirigeants fournissent aux employés une direction et un objectif clairs, augmentant ainsi la motivation et la concentration. Par exemple, la pratique d'Amazon consistant à fixer des objectifs ambitieux mais réalisables pour ses équipes contribue à stimuler l'innovation et la performance.

2.3. Opportunités de développement de carrière :

Offrir des opportunités d'évolution de carrière et de croissance professionnelle est un facteur de motivation clé pour les employés. Les dirigeants peuvent soutenir le développement des membres de leur équipe en leur proposant des formations, du mentorat et des opportunités d'amélioration des compétences. En investissant dans la croissance des employés, les dirigeants démontrent leur engagement envers la réussite et le bien-être de leur équipe. Des entreprises comme Apple et Microsoft donnent souvent la priorité au développement de carrière interne pour nourrir les talents et fidéliser les plus performants.

2.4. Commentaires et communications :

Des commentaires réguliers et une communication ouverte sont des techniques de motivation essentielles qui aident les employés à comprendre leurs progrès, à identifier les domaines à améliorer et à rester engagés. Les dirigeants doivent fournir des commentaires constructifs, féliciter les réalisations et écouter les préoccupations des membres de leur équipe pour instaurer la confiance et motiver la performance. Des entreprises comme Salesforce utilisent un cadre « V2MOM » qui facilite une communication transparente et l'alignement des objectifs à tous les niveaux de l'organisation.

2.5. Motivation intrinsèque:

La motivation intrinsèque, issue des désirs et des valeurs internes, joue un rôle essentiel dans l'engagement et la satisfaction des employés. Les dirigeants peuvent exploiter des facteurs de motivation intrinsèques tels que l'autonomie, la maîtrise et la détermination pour inciter les individus à exceller dans leur rôle. En favorisant une culture qui valorise les facteurs de motivation intrinsèques, les dirigeants peuvent donner aux employés les moyens de donner le meilleur d'eux-mêmes. Par exemple, l'engagement de Patagonia en faveur de la durabilité environnementale renforce le sentiment d'utilité des employés et leur lien avec la mission de l'entreprise.

3. Constitution d'équipe :

Les activités de team building sont essentielles pour renforcer les relations, améliorer la collaboration et favoriser un sentiment d'unité entre les membres de l'équipe. Les leaders efficaces reconnaissent l'importance de la constitution d'une équipe et mettent en œuvre diverses stratégies pour créer des équipes cohésives et performantes. Explorons quelques techniques clés de consolidation d'équipe :

3.1. Activités brise-glace :

Les activités brise-glace sont des exercices d'introduction conçus pour aider les membres de l'équipe à se connaître et à établir des relations. Ces activités peuvent inclure des déjeuners d'équipe, des séances de brainstorming informelles ou des jeux de consolidation d'équipe qui encouragent l'interaction sociale et créent un environnement confortable pour la collaboration. En faisant tomber les barrières et en favorisant les liens, les brise-glace donnent un ton positif au travail d'équipe. Par exemple, Airbnb intègre des séances brise-glace lors des retraites d'équipe hors site pour faciliter les liens entre les employés.

3.2. Ateliers de team building :

Les ateliers de consolidation d'équipe offrent aux membres de l'équipe la possibilité de s'engager dans des tâches collaboratives, des exercices de développement de compétences et des activités de résolution de problèmes. Ces ateliers encouragent la communication, l'établissement de la confiance et les expériences d'apprentissage partagées qui améliorent la dynamique et la cohésion d'équipe. Les dirigeants peuvent organiser des ateliers axés sur des objectifs spécifiques, tels que l'amélioration de la communication ou la promotion de l'innovation, pour promouvoir l'unité et l'efficacité de l'équipe. Des entreprises comme Pixar organisent régulièrement des ateliers pour améliorer la créativité et la collaboration entre leurs équipes d'animation.

3.3. Retraites de team building :

Les retraites de consolidation d'équipe offrent une expérience plus intensive et immersive permettant aux membres de l'équipe de se connecter, de créer des liens et de s'engager dans des activités de consolidation d'équipe en dehors de l'environnement de travail habituel. Les retraites comprennent souvent des défis en plein air, des exercices de consolidation d'équipe et des séances de réflexion qui favorisent l'unité d'équipe et le partage d'expériences. Les dirigeants peuvent profiter des retraites comme d'une opportunité pour renforcer les relations, remonter le moral et aligner les objectifs de l'équipe. Par exemple, Facebook organise des retraites annuelles hors site pour ses équipes afin de favoriser la collaboration et l'innovation.

3.4. Projets transversaux :

Les projets interfonctionnels impliquent des équipes de différents départements ou disciplines collaborant sur un projet ou une initiative commune. Cette approche permet aux membres de l'équipe de tirer parti de diverses compétences, perspectives et expertises pour atteindre des objectifs communs. Les dirigeants peuvent faciliter des projets interfonctionnels pour encourager la collaboration, le partage des connaissances et l'innovation au sein de l'organisation. Des entreprises comme Google forment souvent des équipes interfonctionnelles pour piloter le développement de produits et promouvoir la collaboration interdisciplinaire.

3.5. Jeux et activités de team building :

Les jeux et activités de consolidation d'équipe offrent aux membres de l'équipe un moyen amusant et engageant de renforcer leurs relations, d'améliorer la communication et de développer leurs compétences en résolution de problèmes. Ces activités peuvent aller des exercices de confiance et des chasses au trésor aux simulations de jeux de rôle et aux défis de groupe. En incorporant des éléments ludiques dans les initiatives de consolidation d'équipe, les dirigeants peuvent favoriser une culture d'équipe positive et solidaire. Par exemple, Microsoft organise des hackathons et des tournois de jeux pour promouvoir le travail d'équipe et la créativité de ses collaborateurs.

Conclusion:

En conclusion, un leadership efficace implique la maîtrise de différents styles de leadership, l'utilisation de techniques de motivation et la mise en œuvre de stratégies de consolidation d'équipe pour inspirer, engager et unir les membres de l'équipe vers des objectifs communs. En comprenant et en adoptant divers styles de leadership, les dirigeants peuvent adapter leur approche à différentes situations et individus, maximisant ainsi l'efficacité organisationnelle. Les techniques de motivation permettent aux dirigeants de former une main-d'œuvre motivée et engagée, favorisant ainsi la performance et favorisant une culture de l'excellence. Les activités de team building renforcent les relations, favorisent la collaboration et créent un sentiment d'appartenance au sein des équipes, améliorant ainsi la productivité et la réussite globale. En maîtrisant ces aspects clés du leadership, les dirigeants peuvent créer un environnement de travail positif, responsabiliser leurs équipes et favoriser une croissance et un succès durables au sein de leur organisation.

Chapitre 5 : Contrôler

Dans le domaine de la gestion, le contrôle joue un rôle central en garantissant que les activités organisationnelles s'alignent sur les plans et objectifs établis. En mettant en œuvre des systèmes de contrôle, en évaluant les performances et en prenant des mesures correctives si nécessaire, les responsables peuvent surveiller et réguler efficacement les opérations de l'organisation pour atteindre les résultats souhaités. Dans ce chapitre, nous approfondissons les aspects clés du contrôle, en explorant le processus d'établissement de systèmes de contrôle, de réalisation d'évaluations de performances et de mise en œuvre d'actions correctives pour favoriser le succès de l'organisation. Grâce à une combinaison d'idées théoriques et d'exemples pratiques, nous visons à fournir une compréhension complète du fonctionnement du contrôle dans le cadre plus large de la gestion.

Mise en place de systèmes de contrôle :

Les systèmes de contrôle servent de base à un contrôle de gestion efficace, fournissant aux gestionnaires les outils et les mécanismes nécessaires pour surveiller et réguler les activités de l'organisation. Ces systèmes contribuent à garantir que les objectifs organisationnels sont atteints, que les performances sont sur la bonne voie et que les ressources sont utilisées efficacement. Le processus d'établissement de systèmes de contrôle comporte plusieurs étapes clés :

1. Fixation d'objectifs : les systèmes de contrôle commencent par des objectifs clairement définis qui servent de référence par rapport à laquelle la performance sera mesurée. Les objectifs doivent être spécifiques, mesurables, réalisables, pertinents et limités dans le temps (SMART) pour guider efficacement le processus de contrôle.

2. Élaboration de normes : les normes sont des références ou des critères par rapport auxquels les performances réelles peuvent être comparées. Ceux-ci peuvent être quantitatifs (comme les objectifs de vente ou le rendement de la production) ou qualitatifs (comme les niveaux de satisfaction des clients). Les normes fournissent un point de référence pour évaluer les performances et identifier les écarts.

3. Établir des mesures de contrôle : les mesures de contrôle comprennent les outils et les techniques utilisés pour collecter des données sur les performances et les comparer aux normes établies. Cela peut impliquer la mise en place de mécanismes de reporting, la réalisation d'évaluations des performances ou l'utilisation d'indicateurs de performance clés (KPI) pour suivre les progrès.

4. Mise en œuvre de processus de contrôle : une fois les normes et les mesures en place, les gestionnaires doivent mettre en œuvre des processus de contrôle pour surveiller les

performances. Cela peut impliquer des évaluations régulières des performances, des analyses de données, des séances de feedback et d'autres activités visant à évaluer les progrès vers la réalisation des objectifs.

Exemple : système de contrôle de la chaîne de vente au détail

Prenons l'exemple d'une chaîne de vente au détail qui vise à augmenter son chiffre d'affaires de 10 % au cours du prochain trimestre. Pour établir un système de contrôle pour cet objectif, l'entreprise fixe des objectifs de ventes spécifiques pour chaque magasin, élabore des normes pour les quotas de ventes quotidiens et met en œuvre des mesures de contrôle telles que le suivi des chiffres de ventes quotidiens et leur comparaison avec les objectifs. Les responsables effectuent régulièrement des évaluations des performances, analysent les données de vente et fournissent des commentaires aux directeurs de magasin pour s'assurer que les objectifs de vente sont atteints.

Évaluation des performances:

L'évaluation des performances est un élément essentiel de la fonction de contrôle, car elle permet aux managers d'évaluer la performance des individus, des équipes et de l'organisation dans son ensemble par rapport aux normes établies. En effectuant des évaluations de performance, les managers peuvent identifier les forces et les faiblesses, reconnaître les réalisations et aborder les domaines nécessitant des améliorations. Le processus d'évaluation des performances comprend les étapes suivantes :

1. Définition des critères d'évaluation : Avant d'évaluer les performances, les managers doivent déterminer les critères par rapport auxquels les performances seront évaluées. Ces critères

peuvent inclure les niveaux de productivité, la qualité du travail, les taux de satisfaction des clients, les compétences en matière de travail d'équipe et le respect des valeurs organisationnelles.

2. Collecte de données sur les performances : les données sur les performances peuvent être collectées via diverses sources, notamment les auto-évaluations, les évaluations des superviseurs, les commentaires des clients, les mesures de performance et les évaluations observationnelles. La collecte de données complètes et objectives est cruciale pour une évaluation précise.

3. Analyse des performances : une fois les données de performance collectées, les responsables analysent les informations pour évaluer dans quelle mesure les individus ou les équipes ont respecté les normes établies. Cette analyse implique de comparer les performances réelles par rapport aux normes établies, d'identifier les lacunes ou les écarts et de reconnaître les domaines d'excellence.

4. Fournir des commentaires et de la reconnaissance : sur la base de l'évaluation des performances, les managers fournissent des commentaires aux employés, soulignant leurs points forts, abordant les domaines à améliorer et offrant des conseils pour améliorer les performances. La reconnaissance des réalisations et des contributions joue également un rôle essentiel dans la motivation des employés et dans la promotion d'une culture d'excellence.

Exemple : évaluation du rendement des employés

Dans un environnement d'entreprise, un responsable effectue des évaluations des performances des membres de son équipe sur la base de critères prédéfinis tels que les objectifs de vente, les évaluations des commentaires des clients et l'efficacité du travail d'équipe. Après avoir collecté des données de performance via des rapports de ventes, des enquêtes auprès des clients et des évaluations par les pairs, le responsable analyse les informations pour évaluer les performances individuelles par rapport aux normes établies. Au cours des séances de rétroaction, le responsable discute des domaines à améliorer, reconnaît les réalisations et collabore avec les employés pour élaborer des plans d'action visant à améliorer les performances.

Mesures correctives:

Les actions correctives sont des interventions prises par les managers pour remédier aux écarts par rapport aux normes établies, résoudre les problèmes de performance et remettre l'organisation sur la bonne voie pour atteindre ses objectifs. En mettant en œuvre des mesures correctives rapides et efficaces, les responsables peuvent prévenir de nouveaux écarts, améliorer les performances et accroître l'efficacité organisationnelle. Le processus d'actions correctives comprend les étapes suivantes :

1. Identification des écarts : La première étape d'une action corrective consiste à identifier les écarts par rapport aux normes établies ou aux attentes en matière de performance. Cela peut impliquer l'analyse des données de performance, la réalisation d'une analyse des causes profondes et l'identification des facteurs contribuant à l'écart.

2. Déterminer les causes : une fois les écarts identifiés, les gestionnaires doivent déterminer les causes sous-jacentes des problèmes de performance. Cela peut impliquer d'examiner des

facteurs internes tels que des ressources inadéquates, le manque de formation ou des inefficacités de processus, ainsi que des facteurs externes tels que des changements sur le marché ou dans le paysage concurrentiel.

3. Élaboration de plans d'action : sur la base de l'analyse des écarts et de leurs causes profondes, les gestionnaires élaborent des plans d'action décrivant les étapes nécessaires pour résoudre les problèmes de performance. Les plans d'action doivent être spécifiques, réalistes et axés sur l'amélioration des performances tout en s'alignant sur les objectifs de l'organisation.

4. Mise en œuvre des interventions : les gestionnaires mettent en œuvre des actions correctives en déployant des interventions visant à résoudre les problèmes de performance identifiés. Cela peut impliquer de fournir des ressources supplémentaires, de proposer des programmes de formation et de développement, de repenser les processus ou d'apporter des changements stratégiques pour surmonter les obstacles à l'amélioration des performances.

Exemple : Actions correctives dans la fabrication

Dans une usine de fabrication, les données de contrôle qualité révèlent une augmentation des produits défectueux en raison d'un dysfonctionnement de la machine. Le directeur de l'usine identifie l'écart par rapport aux normes de qualité, effectue une analyse des causes profondes et détermine que la machine nécessite une maintenance et un étalonnage. Pour résoudre ce problème, le responsable élabore un plan d'action pour planifier la maintenance, former les opérateurs à l'entretien des machines et mettre en œuvre des contrôles de qualité réguliers pour éviter d'autres défauts. En mettant en œuvre ces actions correctives, l'usine peut améliorer la qualité des produits et aligner les performances sur les normes établies.

Conclusion:

Le contrôle est une fonction essentielle de la gestion qui comprend l'établissement de systèmes de contrôle, la réalisation d'évaluations de performance et la mise en œuvre de mesures correctives pour garantir l'efficacité organisationnelle et l'atteinte des objectifs. En établissant des systèmes de contrôle avec des objectifs, des normes, des mesures et des processus clairs, les gestionnaires peuvent surveiller les performances et réglementer les activités pour atteindre les résultats souhaités. Les évaluations des performances permettent aux managers d'évaluer les performances par rapport à des critères définis, de fournir des commentaires et de reconnaître les réalisations, favorisant ainsi une culture d'amélioration continue. Les actions correctives jouent un rôle crucial dans la résolution des écarts, l'identification des causes profondes et la mise en œuvre d'interventions pour améliorer les performances et favoriser le succès de l'organisation. En comprenant et en appliquant efficacement ces processus de contrôle, les managers peuvent orienter leur organisation vers plus d'efficacité, de productivité et de réussite dans l'environnement commercial dynamique d'aujourd'hui.

Chapitre 6 : Prise de décision

La prise de décision est un aspect fondamental de la vie humaine et de la gestion organisationnelle. Des simples choix quotidiens aux décisions stratégiques complexes en entreprise, les individus et les groupes sont constamment confrontés à des décisions. Cependant, toutes les décisions ne sont pas égales ; ils peuvent varier en termes de complexité, d'impact et de processus impliqués. Dans ce chapitre, nous approfondissons le domaine de la prise de décision, en explorant les différents types de décisions, le processus de prise de décision et les modèles de prise de décision populaires.

Types de décisions

Les décisions peuvent être largement classées en différents types en fonction de divers critères tels que le niveau d'engagement, l'horizon temporel et l'impact. Comprendre ces types peut donner un aperçu de la nature de la décision et des stratégies nécessaires pour les prendre efficacement. Voici quelques types courants de décisions :

1. Décisions programmées : les décisions programmées sont

des décisions routinières et répétitives qui peuvent être prises en utilisant des lignes directrices, des règles ou des procédures établies. Ces décisions comportent généralement peu de risques et ne nécessitent pas beaucoup de délibérations. Par exemple, un responsable suivant un protocole spécifique pour traiter les réclamations des clients prend une décision programmée.

2. Décisions non programmées : Les décisions non programmées sont des décisions nouvelles et uniques qui surviennent dans des situations où les lignes directrices ou les protocoles existants sont insuffisants. Ces décisions sont souvent complexes, à haut risque et nécessitent une quantité importante d'analyse et de jugement. Par exemple, une entreprise décidant de pénétrer un nouveau marché avec un produit unique se trouve confrontée à une décision non programmée.

3. Décisions stratégiques : les décisions stratégiques sont des décisions à enjeux élevés qui affectent l'orientation et les performances à long terme d'une organisation. Ces décisions sont prises aux plus hauts niveaux de gestion et ont un impact significatif sur le positionnement concurrentiel et la pérennité de l'organisation. Des exemples de décisions stratégiques incluent l'entrée sur de nouveaux marchés, le lancement de nouveaux produits ou les fusions et acquisitions.

4. Décisions tactiques : Les décisions tactiques sont des décisions à moyen terme qui comblent le fossé entre les décisions stratégiques et les décisions opérationnelles. Ces décisions se concentrent sur la mise en œuvre des stratégies plus larges définies par la haute direction. Par exemple, un responsable marketing qui décide des stratégies promotionnelles pour le

lancement d'un nouveau produit prend une décision tactique.

5. Décisions opérationnelles : les décisions opérationnelles sont des décisions quotidiennes qui se concentrent sur le fonctionnement courant d'une organisation. Ces décisions sont prises aux niveaux inférieurs de la direction et visent à atteindre les objectifs opérationnels de l'organisation. Des exemples de décisions opérationnelles incluent la planification des quarts de travail des employés, la commande de fournitures ou la gestion des niveaux de stocks.

6. Décisions individuelles : Les décisions individuelles sont prises par une seule personne sans la participation des autres. Ces décisions sont souvent personnelles ou liées à des tâches qui peuvent être accomplies de manière indépendante. Par exemple, décider quoi porter le matin ou choisir quel livre lire sont des décisions individuelles.

7. Décisions de groupe : les décisions de groupe sont prises collectivement par un groupe d'individus qui collaborent, discutent et partagent leurs points de vue pour parvenir à un consensus. Les décisions de groupe sont courantes dans les organisations pour résoudre des problèmes complexes et générer des idées innovantes. Les exemples incluent les décisions de l'équipe de projet, les réunions du conseil d'administration ou les séances de brainstorming en groupe.

Processus de prise de décision

Le processus de prise de décision est une série systématique d'étapes que suivent des individus ou des groupes pour identifier et choisir la meilleure alternative parmi plusieurs options. Bien que les étapes spécifiques puissent varier en fonction du contexte, le processus de prise de décision comporte généralement six étapes clés :

1. Identifier le problème : La première étape du processus de prise de décision consiste à identifier le problème ou l'opportunité qui nécessite une décision. Cela implique de reconnaître l'écart entre l'état actuel et l'état souhaité et de définir le problème à résoudre.

2. Collecte d'informations : une fois le problème identifié, l'étape suivante consiste à rassembler des informations et des données pertinentes qui aideront à mieux comprendre le problème et à explorer des solutions possibles. Cette phase implique des recherches, des analyses et des consultations avec des experts ou des parties prenantes.

3. Générer des alternatives : à cette étape, les décideurs réfléchissent et créent une liste d'alternatives ou de solutions possibles au problème. Il est crucial d'envisager un large éventail d'options pour garantir une évaluation complète des choix.

4. Évaluation des alternatives : après avoir généré une liste d'alternatives, les décideurs évaluent chaque option en fonction de critères pertinents tels que la faisabilité, le coût, le risque et l'alignement avec les objectifs de l'organisation. Cette étape peut impliquer l'utilisation d'outils de prise de décision tels que l'analyse coûts-avantages, l'analyse SWOT ou des matrices de décision.

5. Prendre la décision : Une fois les alternatives évaluées, le décideur sélectionne la meilleure option qui résout efficacement le problème. Cela peut impliquer la recherche d'un consensus dans les décisions de groupe ou l'utilisation d'un jugement personnel dans les décisions individuelles.

6. Mise en œuvre de la décision : Après avoir pris la décision, l'étape suivante consiste à mettre en œuvre l'alternative choisie. Cette phase implique la mise en œuvre de la décision, l'allocation des ressources, l'attribution des responsabilités et le suivi des progrès pour garantir une exécution efficace.

7. Suivi et évaluation : La dernière étape du processus décisionnel consiste à surveiller les résultats de la décision et à évaluer son efficacité. Cette boucle de rétroaction aide les décideurs à tirer des leçons de leurs décisions, à identifier les domaines à améliorer et à apporter les ajustements nécessaires.

Le processus décisionnel n'est pas toujours linéaire et les décideurs peuvent revenir sur les étapes précédentes ou répéter le processus en fonction de nouvelles informations ou de circonstances changeantes.

Modèles de prise de décision

Divers modèles de prise de décision ont été développés pour fournir des cadres structurés permettant de prendre des décisions efficacement. Ces modèles offrent des approches systématiques pour analyser les problèmes, générer des alternatives et évaluer les options. Explorons quelques-uns des modèles de prise de décision les plus populaires :

1. Modèle de prise de décision rationnelle :
 - Description : Le modèle de prise de décision rationnelle est une approche classique et prescriptive qui suppose que les décideurs sont rationnels et cherchent à maximiser les résultats en évaluant toutes les alternatives possibles.
 - Pas:
 1. Identifiez le problème.
 2. Générez des solutions alternatives.
 3. Évaluer les alternatives en fonction de critères.
 4. Choisissez la meilleure alternative.
 5. Mettre en œuvre la décision.
 6. Suivez et évaluez la décision.
 - Exemple : Un dirigeant d'entreprise utilisant une analyse coûts-avantages pour choisir entre différentes opportunités d'investissement suit le modèle de prise de décision rationnelle.

2. Modèle de rationalité limitée :
 - Description : Le modèle de rationalité limitée reconnaît que les décideurs ont des capacités cognitives limitées et des contraintes de temps, les amenant à satisfaire ou à choisir la première option acceptable plutôt que de rechercher la solution optimale.
 - Pas:
 1. Simplifiez le problème.
 2. Générez quelques alternatives.
 3. Choisissez la première option acceptable.
 4. Mettre en œuvre la décision.
 - Exemple : Un chef de projet confronté à un délai serré et à des ressources limitées sélectionne une solution réalisable qui répond aux exigences du projet plutôt que de rechercher la solution parfaite.

3. Modèle de prise de décision intuitif :
- Description : Le modèle de prise de décision intuitive s'appuie sur l'intuition, l'intuition ou le jugement instinctif pour prendre des décisions rapidement dans des situations ambiguës ou complexes.
- Étapes : évaluer intuitivement la situation, s'appuyer sur les expériences et les connaissances passées et prendre une décision rapide basée sur une « intuition ».
- Exemple : Un entrepreneur chevronné qui prend des décisions d'investissement basées sur des années d'expérience dans le secteur et sur son intuition sans analyse formelle suit le modèle de prise de décision intuitive.

4. Modèle de prise de décision politique :
- Description : Le modèle de prise de décision politique reconnaît que les décisions organisationnelles sont influencées par la dynamique du pouvoir, les conflits d'intérêts et les coalitions entre les parties prenantes.
- Étapes : Analyser le paysage politique, identifier les acteurs clés et leurs intérêts, négocier et construire des alliances et prendre des décisions qui tiennent compte des points de vue des différentes parties prenantes.
- Exemple : un manager qui navigue dans les politiques de bureau et les rivalités internes pour obtenir un soutien pour un nouveau projet suit le modèle de prise de décision politique.

5. Modèle de prise de décision concernant les poubelles :
- Description : Le modèle de la poubelle considère les organisations comme des systèmes faiblement couplés où les décisions sont prises de manière opportuniste sans processus linéaire clair. Les décisions surviennent lorsque les problèmes, les

solutions, les participants et les opportunités de choix s'alignent par hasard.

- Caractéristiques : La prise de décision est non linéaire, aléatoire et influencée par des facteurs situationnels plutôt que par un processus systématique.

- Exemple : Un département universitaire sélectionnant des projets de recherche en fonction de la disponibilité des professeurs, de l'intérêt des étudiants et de la disponibilité du financement illustre le modèle de prise de décision d'une poubelle.

6. Arbres de décision :
- Description : Les arbres de décision sont des outils de prise de décision visuels qui cartographient les options, les résultats possibles, les probabilités et les gains dans une structure arborescente pour aider les décideurs à évaluer les alternatives dans un contexte d'incertitude.

- Application : les arbres de décision sont couramment utilisés dans les domaines de la finance, de l'économie, de la santé et de la planification stratégique pour modéliser des décisions complexes impliquant des risques et des incertitudes.

- Exemple : une entreprise utilise un arbre de décision pour évaluer les résultats potentiels d'un investissement dans différentes campagnes marketing en fonction des conditions du marché et de la réponse des clients.

7. Analyse des avantages et des inconvénients :
- Description : L'analyse des avantages et des inconvénients consiste à énumérer les avantages et les inconvénients de chaque alternative afin de faciliter une évaluation comparative des options et d'appuyer la prise de décision.

- Étapes : Identifier les avantages et les inconvénients de chaque alternative, peser l'importance de chaque facteur et prendre une décision basée sur l'équilibre global des avantages et des inconvénients.

- Exemple : une personne évaluant les avantages et les inconvénients d'accepter une offre d'emploi, en tenant compte de facteurs tels que le salaire, l'équilibre travail-vie personnelle, l'évolution de carrière et le lieu.

Conclusion

En conclusion, la prise de décision est un processus à multiples facettes qui implique différents types de décisions, un processus décisionnel structuré et divers modèles décisionnels. En comprenant les types de décisions et les facteurs qui influencent la prise de décision, les individus et les organisations peuvent améliorer leur capacité à prendre des décisions efficaces et éclairées. De plus, l'utilisation de modèles de prise de décision fournit un cadre systématique pour analyser les problèmes, générer des alternatives et choisir le meilleur plan d'action. La prise de décision jouant un rôle crucial dans la réussite personnelle et organisationnelle, la maîtrise des

La capacité de prendre des décisions est essentielle pour naviguer dans la complexité et l'incertitude dans le monde dynamique d'aujourd'hui.

Chapitre 7 : La communication en gestion

La communication est un aspect fondamental de l'interaction humaine qui joue un rôle crucial dans tous les aspects de la vie, y compris les affaires et la gestion. Dans le contexte du management, une communication efficace est essentielle au succès d'une organisation. Ce chapitre approfondira l'importance de la communication dans la gestion, explorera les techniques de communication efficaces et discutera des moyens de surmonter les obstacles à la communication.

Importance de la communication dans la gestion

La communication est la pierre angulaire d'une gestion réussie au sein d'une organisation. Une communication efficace est vitale pour diverses raisons, notamment :

1. Clarté et compréhension :

L'une des principales fonctions de la communication en gestion est d'assurer la clarté et la compréhension entre les membres de l'organisation. Une communication claire aide à transmettre efficacement les idées, les objectifs, les attentes et les instructions, réduisant ainsi les malentendus et la confusion.

Par exemple, lorsqu'un responsable communique clairement et précisément l'échéance d'un projet aux membres de l'équipe, cela garantit que tout le monde est sur la même longueur d'onde concernant les attentes et les délais. Cette clarté peut aider à atteindre les résultats souhaités dans les délais spécifiés.

2. Coordination et collaboration :

La communication joue un rôle clé dans la coordination des efforts des individus et des équipes au sein d'une organisation. Une communication efficace garantit que chacun est conscient de son rôle et de ses responsabilités, facilite la collaboration entre les membres de l'équipe et favorise l'allocation efficace des ressources.

Par exemple, dans un scénario de gestion de projet, une communication efficace entre les membres de l'équipe aide à coordonner les tâches, à partager les mises à jour et à résoudre efficacement les problèmes, conduisant ainsi à la réussite du projet.

3. Prise de décision :

La communication est essentielle pour faciliter le processus de prise de décision au sein d'une organisation. Les managers doivent communiquer des informations, des données et des idées aux principales parties prenantes afin de prendre des décisions éclairées qui profitent à l'organisation dans son ensemble.

En favorisant des canaux de communication ouverts et en partageant des informations pertinentes, les gestionnaires peuvent garantir que les décisions sont bien éclairées et alignées sur les buts et objectifs de l'organisation.

4. Engagement et motivation des employés :

Une communication efficace joue un rôle essentiel dans l'engagement des employés et dans la promotion d'un environnement de travail positif. Lorsque les membres de l'équipe se sentent entendus, valorisés et bien informés, ils sont plus susceptibles d'être motivés, engagés et engagés dans leur travail.

Une communication régulière de la part des managers, des séances de feedback et des opportunités de dialogue ouvert créent une culture de transparence et de confiance, améliorant le moral et la productivité des employés.

5. Résolution des conflits :

La communication est essentielle pour résoudre les conflits et aborder les désaccords au sein de l'organisation. En encourageant une communication ouverte, les managers peuvent faciliter des dialogues constructifs, identifier les causes profondes des conflits et œuvrer à la recherche de solutions mutuellement avantageuses.

Grâce à une communication efficace, les managers peuvent promouvoir la compréhension, l'empathie et la collaboration entre les parties en conflit, conduisant à de meilleures relations et à un environnement de travail plus harmonieux.

Dans l'ensemble, la communication est un élément essentiel d'une gestion efficace, permettant aux organisations de fonctionner sans problème, d'atteindre leurs objectifs de manière efficace et d'entretenir des relations positives entre les membres de l'équipe et les parties prenantes.

Techniques de communication efficaces

Pour assurer une communication efficace en gestion, il est essentiel d'employer diverses techniques et stratégies qui améliorent la qualité des interactions et de l'échange d'informations au sein de l'organisation. Certaines techniques de communication clés et efficaces comprennent :

1. Écoute active :
L'écoute active est une technique de communication fondamentale qui implique de s'engager pleinement avec l'orateur, de se concentrer sur son message et de démontrer sa compréhension par des indices verbaux et non verbaux. En écoutant activement les autres, les managers peuvent faire preuve de respect, d'empathie et d'attention, favorisant ainsi de meilleures relations et un meilleur flux de communication.

Exemple : lors d'une réunion d'équipe, un responsable pratique l'écoute active en maintenant un contact visuel, en hochant la tête en signe d'accord et en paraphrasant les points clés pour montrer sa compréhension et son engagement.

2. Communication claire et concise :
La clarté et la concision sont des aspects essentiels d'une communication efficace. Les managers doivent s'efforcer de transmettre les informations d'une manière simple et facile à comprendre, en évitant le jargon, l'ambiguïté et la complexité inutile.

Exemple : lors de la communication des mises à jour du projet à l'équipe, un responsable utilise un langage simple, des puces et des aides visuelles pour garantir que les informations sont claires, concises et facilement compréhensibles pour tout le monde.

3. Mécanismes de rétroaction :
Le feedback est crucial pour promouvoir la communication bidirectionnelle au sein d'une organisation. Les managers doivent encourager les commentaires ouverts de la part des employés, fournir eux-mêmes des commentaires constructifs et créer une culture qui valorise l'amélioration et l'apprentissage continus.

Exemple : après avoir terminé une tâche, les membres de l'équipe reçoivent des commentaires de leur responsable mettant en évidence leurs points forts et leurs points à améliorer, favorisant ainsi la croissance et le développement professionnels.

4. Utilisation de plusieurs canaux de communication :
Différentes personnes préfèrent différents canaux de communication en fonction de leurs préférences et de leurs besoins. Les responsables doivent utiliser une combinaison de canaux de communication, notamment les réunions en face à face, les e-mails, les appels téléphoniques, les vidéoconférences et les plateformes de messagerie, pour garantir une diffusion efficace des informations.

Exemple : Pour communiquer des mises à jour urgentes, l'équipe de direction envoie une notification via la plateforme de messagerie de l'organisation, suivie d'un e-mail détaillé fournissant des informations et des instructions supplémentaires.

5. Langage corporel et communication non verbale :

Les indices non verbaux tels que le langage corporel, les expressions faciales et les gestes jouent un rôle important dans la communication. Les managers doivent prêter attention à leur communication non verbale pour renforcer leurs messages verbaux et transmettre efficacement leurs émotions.

Exemple : lors d'une présentation, un responsable maintient une posture ouverte, sourit et établit un contact visuel avec le public pour paraître confiant, engagé et accessible.

6. Sensibilité culturelle :

Dans l'environnement commercial mondialisé d'aujourd'hui, la sensibilité culturelle est essentielle pour une communication efficace. Les managers doivent être conscients des différences culturelles, des coutumes et des normes de communication pour éviter les malentendus et promouvoir la coopération interculturelle.

Exemple : Lorsqu'il travaille avec une équipe diversifiée, un manager prend en compte les différences culturelles dans les styles de communication, en veillant à ce que les messages soient adaptés et respectueux des antécédents de chaque membre de l'équipe.

En intégrant ces techniques de communication efficaces dans leurs pratiques de gestion, les dirigeants peuvent améliorer les relations interpersonnelles, favoriser la collaboration et améliorer le flux d'informations au sein de l'organisation.

Surmonter les barrières de communication

Malgré l'importance d'une communication efficace en gestion, divers obstacles peuvent entraver la circulation de l'information et créer des défis pour les organisations. Identifier et surmonter ces obstacles à la communication est crucial pour promouvoir la clarté, la compréhension et la collaboration au sein de l'organisation. Certains obstacles courants à la communication comprennent :

1. Barrières linguistiques :
Les barrières linguistiques surviennent lorsque des individus parlent des langues différentes ou ont des degrés divers de maîtrise d'une langue commune. Des interprétations erronées, des malentendus et des problèmes de communication peuvent survenir lorsque les différences linguistiques entravent une communication efficace.

Pour surmonter les barrières linguistiques, les organisations peuvent proposer des formations linguistiques, recourir à des services de traduction en cas de besoin et encourager les employés à demander des éclaircissements lorsqu'ils rencontrent des difficultés linguistiques.

Exemple : Dans une entreprise multinationale, des programmes de formation linguistique sont proposés aux employés pour améliorer leur maîtrise de la langue principale de l'organisation, facilitant ainsi une meilleure communication et collaboration entre les équipes.

2. Manque de commentaires :

Un manque de feedback peut entraver une communication efficace au sein d'une organisation. Lorsque les commentaires ne sont pas fournis rapidement ou de manière constructive, les employés peuvent se sentir incertains de leurs performances, ce qui entraîne une diminution de la motivation, de la productivité et de l'engagement.

Pour surmonter cet obstacle, les managers doivent établir des mécanismes de retour d'information réguliers, encourager un dialogue ouvert et créer une culture qui valorise l'apprentissage et l'amélioration continus.

Exemple : lors des évaluations de performances trimestrielles, les managers fournissent aux employés des commentaires spécifiques sur leur travail, mettent en évidence leurs points forts et discutent des opportunités de développement pour soutenir leur croissance professionnelle.

3. Mauvaises capacités d'écoute :

Une communication efficace est un processus bidirectionnel qui nécessite une écoute active de la part de toutes les parties impliquées. De mauvaises capacités d'écoute, comme interrompre les autres, ne pas prêter attention ou formuler des réponses avant de bien comprendre le message, peuvent entraver la communication et conduire à des malentendus.

Pour surmonter de mauvaises capacités d'écoute, les individus doivent pratiquer des techniques d'écoute active, telles que maintenir un contact visuel, poser des questions de clarification et résumer les points clés pour démontrer leur compréhension et leur engagement.

Exemple : lors d'une réunion d'équipe, les membres pratiquent l'écoute active en parlant à tour de rôle, en paraphrasant les points clés de chacun et en recherchant des éclaircissements si nécessaire pour assurer une compréhension mutuelle.

4. Surcharge d'informations :
La surcharge d'informations se produit lorsque les individus sont inondés d'informations excessives, ce qui entraîne confusion, fatigue et difficultés dans le traitement des messages essentiels. À l'ère numérique d'aujourd'hui, le volume d'informations peut submerger les individus et entraver une communication efficace.

Pour faire face à la surcharge d'informations, les organisations peuvent hiérarchiser les messages clés, utiliser des formats de communication concis et utiliser des outils technologiques tels que des filtres, des résumés et des techniques de priorisation pour rationaliser le flux d'informations et améliorer la clarté.

Exemple : dans un environnement de travail au rythme rapide, les responsables utilisent des puces, des titres et des résumés dans leurs communications pour transmettre les informations essentielles de manière concise, aidant ainsi les employés à se concentrer sur les messages clés sans se sentir dépassés.

5. Différences culturelles :
Les différences culturelles peuvent créer des barrières de

communication au sein d'une main-d'œuvre diversifiée. Les variations dans les styles de communication, les gestes, les coutumes et les normes selon les cultures peuvent conduire à des malentendus, des conflits et des interprétations erronées si elles ne sont pas traitées efficacement.

Pour atténuer les barrières culturelles, les organisations doivent promouvoir la sensibilité culturelle, proposer une formation sur la diversité, encourager la communication interculturelle et favoriser un environnement inclusif qui respecte et apprécie les différences culturelles.

Exemple : dans une équipe multiculturelle, les employés participent à des sessions de formation interculturelles pour mieux comprendre les différentes perspectives culturelles, styles de communication et pratiques, favorisant ainsi la compréhension mutuelle et la collaboration.

6. Barrières hiérarchiques :

Les barrières hiérarchiques font référence aux obstacles à la communication qui résultent de structures organisationnelles rigides, de différences de pouvoir ou de dynamiques d'autorité au sein d'une organisation. Les employés peuvent hésiter à communiquer ouvertement avec des responsables de plus haut rang ou à exprimer leurs opinions par crainte de représailles ou par manque de responsabilisation.

Pour surmonter les barrières hiérarchiques, les organisations doivent créer une politique de porte ouverte, promouvoir la transparence et encourager une culture d'inclusion et de sécurité psychologique dans laquelle tous les employés se sentent valorisés, respectés et habilités à exprimer leurs pensées et leurs préoccupations.

Exemple : une entreprise met en œuvre un mécanisme de retour d'information grâce auquel les employés peuvent soumettre de manière anonyme des suggestions, des préoccupations ou des commentaires à la haute direction, favorisant ainsi une culture de transparence et de responsabilité à tous les niveaux de l'organisation.

En conclusion, une communication efficace est l'élément vital d'une gestion réussie, permettant aux organisations d'atteindre leurs objectifs, de stimuler les performances et de favoriser des relations positives entre les membres de l'équipe et les parties prenantes. En mettant en œuvre des techniques de communication efficaces et en surmontant les obstacles à la communication, les managers peuvent cultiver une culture de dialogue ouvert, de collaboration et d'engagement qui propulse l'organisation vers le succès.

Chapitre 8 : Gérer le changement

Le changement est une partie inévitable de la vie organisationnelle. Qu'il s'agisse de facteurs internes tels qu'un nouveau leadership, une restructuration ou les progrès technologiques, ou de facteurs externes tels que les tendances du marché ou les exigences réglementaires, les organisations doivent être capables de gérer efficacement le changement pour rester compétitives et prospérer dans l'environnement commercial dynamique d'aujourd'hui. Dans ce chapitre, nous approfondirons les subtilités de la gestion du changement, comprendrons le processus de gestion du changement, explorerons la résistance au changement et examinerons les stratégies pour mettre en œuvre le changement avec succès.

Processus de gestion du changement

La gestion du changement est une approche structurée pour faire passer efficacement les individus, les équipes et les organisations de leur état actuel à un état futur souhaité. Il existe plusieurs modèles et cadres que les organisations utilisent pour gérer le changement, mais les principes sous-jacents sont cohérents dans tous les domaines. Explorons un processus typique de gestion du changement et ses composants clés :

1. Évaluation du besoin de changement : La première étape du processus de gestion du changement consiste à reconnaître le besoin de changement. Cela implique généralement de mener une analyse approfondie de la situation actuelle, d'identifier les domaines qui nécessitent des améliorations et de fixer des objectifs clairs pour l'initiative de changement.

2. Planification du changement : Une fois le besoin de changement établi, l'étape suivante consiste à élaborer un plan complet de gestion du changement. Ce plan doit décrire les objectifs de l'initiative de changement, définir la portée et le calendrier, allouer les ressources et identifier les principales parties prenantes.

3. Engager les parties prenantes : une gestion efficace du changement nécessite la participation active et l'adhésion des parties prenantes à tous les niveaux de l'organisation. Les dirigeants doivent communiquer les raisons du changement, répondre aux préoccupations et impliquer les employés dans le processus de changement pour garantir une mise en œuvre réussie.

4. Mise en œuvre du changement : Avec le plan de gestion du changement en place et les parties prenantes impliquées, l'organisation peut commencer à mettre en œuvre l'initiative de changement. Cela peut impliquer une restructuration des processus, une mise à jour de la technologie ou l'introduction de nouvelles politiques et procédures.

5. Suivi et évaluation des progrès : tout au long du processus de changement, il est important de surveiller les progrès, de suivre

les indicateurs de performance clés et d'évaluer l'efficacité de l'initiative de changement. Cela permet à l'organisation de procéder aux ajustements nécessaires et de garantir que les résultats souhaités sont atteints.

6. Soutenir le changement : La dernière étape du processus de gestion du changement consiste à maintenir le changement sur le long terme. Cela implique d'intégrer les nouvelles pratiques et comportements dans la culture organisationnelle, de fournir un soutien continu aux employés et de renforcer continuellement les avantages du changement.

Résistance au changement

La résistance au changement est un défi courant auquel les organisations sont confrontées lors de la mise en œuvre d'initiatives de changement. Les gens sont naturellement à l'aise avec le statu quo, et la perspective d'un changement peut susciter des sentiments de peur, d'incertitude et de résistance. Comprendre les sources de résistance au changement est crucial pour élaborer des stratégies permettant de les surmonter. Examinons quelques raisons courantes pour lesquelles les employés résistent au changement :

1. Peur de l'inconnu : Le changement entraîne souvent une incertitude quant à l'avenir, ce qui amène les employés à craindre les conséquences potentielles du changement. Ils peuvent s'inquiéter de la sécurité de l'emploi, de leur capacité à s'adapter à de nouveaux processus ou de l'impact du changement sur leur travail quotidien.

2. Perte de contrôle : le changement peut perturber les routines et les flux de travail établis, ce qui amène les employés à ressentir une perte de contrôle sur leur environnement de travail. Cette perte d'autonomie peut conduire à des résistances alors que les employés cherchent à conserver un sentiment de stabilité et de prévisibilité.

3. Manque de compréhension : lorsque les employés ne comprennent pas pleinement les raisons du changement ou les avantages qu'il apportera à eux ou à l'organisation, ils sont plus susceptibles de résister. Des lacunes en matière de communication et des objectifs peu clairs peuvent contribuer à ce manque de compréhension.

4. Expériences passées : les expériences négatives antérieures liées aux initiatives de changement, telles que des transitions mal gérées ou des projets échoués, peuvent favoriser le scepticisme et la résistance aux changements futurs. Les employés peuvent être réticents à investir du temps et des efforts dans une nouvelle initiative s'ils ont été déçus par le passé.

5. À l'aise avec le statu quo : Certains employés peuvent résister au changement simplement parce qu'ils sont à l'aise avec la façon dont les choses se passent et ne voient pas la nécessité de les perturber. Ils peuvent percevoir le changement comme inutile ou comme une menace pour leurs routines et pratiques actuelles.

6. Manque de confiance : La confiance est essentielle dans tout processus de gestion du changement. Si les employés ne font pas confiance aux motivations des dirigeants ou croient

que l'organisation n'a pas à cœur leurs meilleurs intérêts, ils peuvent résister au changement par méfiance.

Mettre en œuvre le changement avec succès

La mise en œuvre réussie du changement au sein d'une organisation nécessite une approche stratégique et systématique qui répond aux défis uniques de la gestion du changement. Voici quelques stratégies clés et bonnes pratiques pour mettre en œuvre le changement avec succès :

1. Communiquer efficacement : une communication claire, cohérente et transparente est essentielle lors de la mise en œuvre du changement. Les dirigeants doivent clairement exprimer les raisons du changement, ses avantages et les résultats attendus pour les employés à tous les niveaux de l'organisation. La communication doit être continue tout au long du processus de changement pour répondre aux préoccupations et tenir les employés informés.

2. Construire une coalition de soutien : pour surmonter la résistance au changement, les organisations doivent constituer une coalition de soutien de la part des principales parties prenantes, notamment des dirigeants, des managers et des employés influents. Cette coalition peut aider à défendre l'initiative de changement, à répondre aux préoccupations et à modéliser les comportements souhaités que d'autres devraient suivre.

3. Fournir une formation et un soutien : le changement nécessite souvent que les employés développent de nouvelles compétences, s'adaptent à de nouveaux processus et adoptent

de nouvelles méthodes de travail. Offrir une formation et un soutien pour aider les employés à s'adapter au changement peut accroître leur confiance et leur volonté d'adopter les nouvelles pratiques.

4. Impliquer les employés : impliquer les employés dans le processus de changement peut contribuer à créer un sentiment d'appropriation et d'engagement envers l'initiative. Les employés doivent être encouragés à fournir des commentaires, à proposer des suggestions d'amélioration et à participer à la prise de décision lorsque cela est possible.

5. Gérer la résistance : S'attaquer de manière proactive à la résistance au changement est la clé d'une mise en œuvre réussie. Les dirigeants doivent écouter les préoccupations des employés, reconnaître leurs craintes et travailler en collaboration pour éliminer tout obstacle à l'adoption. En impliquant les employés dans le processus de changement et en répondant à leurs préoccupations, les organisations peuvent réduire la résistance et accroître l'adhésion.

6. Célébrer les réussites : Reconnaître et célébrer les petites victoires en cours de route peut créer une dynamique et une motivation pour le changement. Reconnaissez les efforts des employés qui ont adopté le changement, soulignez les impacts positifs de l'initiative et célébrez les étapes franchies tout au long du processus.

7. Évaluer et adapter : une évaluation continue de l'initiative de changement est essentielle pour garantir qu'elle reste sur la bonne voie et qu'elle produit les résultats souhaités. Les organ-

isations doivent évaluer régulièrement les progrès, recueillir les commentaires des employés et être prêtes à adapter leur approche en fonction des commentaires reçus.

Exemples

Explorons quelques exemples d'organisations qui ont géré efficacement le changement, surmonté la résistance et mis en œuvre le changement avec succès :

1. Apple Inc. : Apple est connue pour sa capacité à stimuler l'innovation et le changement dans le secteur technologique. Lorsque Steve Jobs est revenu dans l'entreprise en 1997, il a mis en œuvre une série de changements qui ont revitalisé la gamme de produits Apple et l'ont transformée en l'une des entreprises les plus valorisées au monde. En se concentrant sur la créativité, le design et l'expérience utilisateur, Apple a réussi à faire face à de nombreux changements, tels que l'introduction de l'iPod, de l'iPhone et de l'iPad, et à proposer systématiquement des produits qui ont révolutionné le marché.

2. Netflix : Netflix est un excellent exemple d'entreprise qui a accueilli le changement et les perturbations dans l'industrie du divertissement. À mesure que les services de streaming gagnaient en popularité, Netflix a modifié son modèle commercial d'un service de location de DVD vers une plate-forme de streaming, s'adaptant à l'évolution des préférences des consommateurs et aux progrès technologiques. En investissant dans du contenu original, en se développant à l'international et en tirant parti de l'analyse des données, Netflix a réussi à mettre en œuvre des changements qui l'ont positionné comme leader

dans l'industrie du streaming.

3. Google : Google a la réputation de favoriser une culture d'innovation et de changement continu. L'entreprise encourage ses employés à poursuivre de nouvelles idées, à expérimenter différents projets et à adopter un état d'esprit de croissance. En fournissant un environnement favorable à la créativité et à l'apprentissage, Google a pu mettre en œuvre de nombreux changements avec succès, du développement de nouveaux produits et services à l'expansion sur divers marchés à l'échelle mondiale.

Conclusion

La gestion du changement est une compétence essentielle pour les organisations qui cherchent à prospérer dans le paysage commercial actuel, en évolution rapide et compétitif. En comprenant le processus de gestion du changement, en reconnaissant et en traitant la résistance au changement et en mettant en œuvre des stratégies pour des initiatives de changement réussies, les organisations peuvent gérer efficacement les transitions et atteindre les résultats souhaités.

Dans ce chapitre, nous avons exploré les éléments clés du processus de gestion du changement, identifié les sources courantes de résistance au changement et examiné les stratégies permettant de mettre en œuvre le changement avec succès. En suivant les meilleures pratiques, en tirant des leçons d'exemples réussis et en s'adaptant à l'évolution de l'environnement commercial, les organisations peuvent bâtir une culture qui accueille le changement, stimule l'innovation et les positionne pour un succès à long terme sur le marché.

Chapitre 9 : Gestion des ressources humaines

La gestion des ressources humaines (GRH) est une fonction essentielle au sein des organisations qui se concentre sur la gestion de l'atout le plus précieux d'une entreprise : ses collaborateurs. Au chapitre 9, nous abordons trois aspects clés de la gestion des ressources humaines : le recrutement et la sélection, la formation et le développement, et les relations avec les employés. Ces domaines sont essentiels pour constituer une main-d'œuvre compétente, engagée et productive au sein d'une organisation.

Recrutement et sélection

Le recrutement et la sélection sont des fonctions cruciales au sein de la GRH qui impliquent d'attirer, de rechercher et de sélectionner les bons candidats pour pourvoir les postes vacants au sein d'une organisation. Des processus de recrutement et de sélection efficaces sont essentiels pour garantir qu'une organisation dispose des bonnes personnes aux bons postes, ce qui, en fin de compte, a un impact sur les performances et le succès de l'organisation.

Processus de recrutement

Le recrutement est le processus d'identification et d'attraction de candidats potentiels pour des postes vacants au sein d'une organisation. Il s'agit d'une série d'étapes visant à contacter des personnes qualifiées et à les encourager à postuler aux postes disponibles. Voici quelques méthodes de recrutement courantes :

1. Publication d'offres d'emploi : les organisations publient généralement des offres d'emploi sur leur site Web, leurs portails d'emploi, leurs plateformes de médias sociaux et d'autres canaux pertinents pour attirer des candidats potentiels.

2. Références d'employés : les références d'employés impliquent des employés actuels qui recommandent des candidats potentiels pour des postes vacants au sein de l'organisation. Cette méthode est souvent efficace pour atteindre des candidats appropriés qui ne recherchent peut-être pas activement un emploi.

3. Agences de recrutement : les organisations peuvent également faire appel à des agences de recrutement pour les aider à identifier et attirer des candidats qualifiés pour des postes spécifiques.

4. Recrutement sur les campus : de nombreuses organisations s'associent à des établissements d'enseignement pour recruter de nouveaux talents via des programmes de placement sur les campus.

Processus de sélection

Le processus de sélection suit le recrutement et consiste à évaluer les candidats afin de déterminer leur aptitude à un rôle particulier. Ce processus comprend généralement les étapes suivantes :

1. Sélection des curriculum vitae : les professionnels des ressources humaines examinent les curriculum vitae et les candidatures pour présélectionner les candidats qui possèdent les qualifications et l'expérience requises.

2. Entretiens : les candidats qui réussissent la sélection initiale sont généralement invités à des entretiens – soit en personne, par téléphone ou par vidéoconférence. Les entretiens permettent d'évaluer les compétences, l'expérience et l'adéquation d'un candidat à la culture de l'organisation.

3. Tests d'évaluation : certaines organisations utilisent des tests d'évaluation tels que des tests d'aptitude, des évaluations psychométriques ou des évaluations techniques pour évaluer les compétences d'un candidat.

4. Vérification des références : La vérification des références fournies par le candidat permet de vérifier ses qualifications et son expérience.

5. Offre d'emploi : après le processus de sélection, le candidat choisi se voit proposer une offre d'emploi, qui comprend des détails sur le rôle, la rémunération, les avantages sociaux et d'autres conditions d'emploi.

CHAPITRE 9 : GESTION DES RESSOURCES HUMAINES

La formation et le développement

La formation et le développement font partie intégrante de la GRH et visent à améliorer les aptitudes, les connaissances et les compétences des employés afin d'améliorer les performances et de stimuler la croissance organisationnelle. La formation fait référence à la transmission de compétences spécifiques liées au travail, tandis que le développement se concentre sur la croissance à long terme et l'avancement de carrière.

Importance de la formation et du développement

1. Performance améliorée : les employés bien formés ont tendance à être plus performants et plus productifs dans leur rôle.

2. Engagement des employés : les opportunités de formation et de développement démontrent l'engagement d'une organisation envers la croissance des employés, conduisant à des niveaux plus élevés d'engagement et de motivation.

3. Rétention : Offrir des opportunités de formation et de développement peut améliorer la satisfaction des employés et les taux de rétention.

4. Adaptation au changement : L'apprentissage continu grâce à des programmes de formation et de développement aide les employés à s'adapter aux technologies et aux environnements de travail changeants.

Types de formation et de développement

1. Formation sur le terrain : Les employés apprennent en effectuant des tâches sous la direction de collègues ou de superviseurs expérimentés.

2. Formation en classe : séances de formation formelles dispensées par des formateurs ou des experts en la matière pour transmettre des connaissances et des compétences.

3. Programmes d'apprentissage en ligne : cours et programmes de formation en ligne auxquels les employés peuvent accéder à leur convenance.

4. Mentorat et coaching : jumeler les employés à des mentors ou des coachs expérimentés pour les aider à développer des aptitudes ou des compétences spécifiques.

5. Programmes de développement du leadership : programmes conçus pour identifier et développer le potentiel de leadership au sein de l'organisation.

Exemple : programme de formation de l'entreprise X

La société X, une entreprise technologique, propose un programme de formation complet à son personnel d'ingénierie afin d'améliorer ses compétences techniques et de le tenir au courant des dernières tendances de l'industrie. Le programme comprend un mélange de sessions en classe, de projets pratiques et de modules d'apprentissage en ligne, adaptés aux besoins spécifiques des différentes équipes d'ingénierie. Grâce à cet investissement dans la formation, les ingénieurs de la société X sont mieux équipés pour gérer des projets complexes, ce qui entraîne une amélioration de la qualité des produits et de la satisfaction des clients.

Relations avec les employés

Les relations avec les employés font référence à la gestion globale des relations entre une organisation et ses employés, en se concentrant sur la création d'un environnement de travail positif, en répondant aux préoccupations des employés et en favorisant une communication et une collaboration saines. De solides relations avec les employés sont essentielles au maintien d'une main-d'œuvre motivée et engagée.

Importance des relations avec les employés

1. Engagement des employés : des relations positives avec les employés conduisent à des niveaux plus élevés d'engagement, de productivité et de satisfaction au travail.

2. Résolution des conflits : des pratiques efficaces en matière de relations avec les employés aident à identifier et à résoudre rapidement les conflits sur le lieu de travail.

3. Rétention : les employés sont plus susceptibles de rester dans une organisation où ils se sentent valorisés, respectés et soutenus.

4. Culture organisationnelle : Des relations saines avec les employés contribuent à une culture organisationnelle positive, dans laquelle les employés se sentent connectés et alignés sur les valeurs et les objectifs de l'entreprise.

Stratégies pour améliorer les relations avec les employés

1. Communication efficace : Canaux de communication ouverts et transparents qui permettent aux employés d'exprimer leurs points de vue et leurs préoccupations.

2. Reconnaissance et récompenses : reconnaître et récompenser les employés pour leurs contributions et leurs réalisations.

3. Programmes de bien-être des employés : investir dans des initiatives de bien-être des employés pour promouvoir l'équilibre travail-vie personnelle et le bien-être général.

4. Mécanismes de résolution des conflits : établir des processus clairs pour résoudre les conflits et les griefs de manière juste et impartiale.

Exemple : initiative d'engagement des employés dans l'entreprise Y

L'entreprise Y, une chaîne de vente au détail, a récemment mis en œuvre une initiative d'engagement des employés visant à favoriser le sentiment d'appartenance et la motivation de son personnel. L'initiative comprend des réunions publiques régulières où les employés peuvent exprimer leurs opinions et partager leurs commentaires avec la haute direction. De plus, la société Y a mis en place un programme de reconnaissance des employés qui met en valeur les performances et les contributions exceptionnelles. En conséquence, le moral des employés s'est sensiblement amélioré, entraînant une productivité plus élevée et des taux de roulement plus faibles.

En conclusion, le recrutement et la sélection, la formation et le développement ainsi que les relations avec les employés sont trois éléments interconnectés de la gestion des ressources humaines qui sont essentiels à la constitution d'une main-d'œuvre compétente, engagée et motivée. En mettant en œuvre des stratégies efficaces dans ces domaines, les organisations peuvent créer un environnement de travail positif, améliorer les performances des employés et favoriser la réussite organisationnelle.

Chapitre 10 : Gestion financière

La gestion financière est un aspect crucial de la gestion de toute organisation, qu'il s'agisse d'une petite entreprise, d'une organisation à but non lucratif ou d'une grande entreprise. Cela implique diverses pratiques et processus qui aident à planifier, contrôler et surveiller les ressources financières d'une entité pour atteindre ses objectifs financiers. Dans ce chapitre, nous approfondirons trois éléments clés de la gestion financière : la budgétisation, l'analyse financière et la gestion des flux de trésorerie.

1. Budgétisation

La budgétisation est le processus de création d'un plan détaillé pour l'allocation des ressources financières pour atteindre les buts et objectifs d'une organisation. Il sert de feuille de route pour la prise de décision financière et aide à fixer des objectifs, à contrôler les dépenses et à évaluer les performances. La budgétisation implique l'estimation des revenus et des dépenses pour une période spécifique, généralement un exercice financier, et le suivi des performances réelles par rapport au budget.

Exemple : Prenons le cas d'une petite entreprise manufacturière qui souhaite créer un budget pour l'année à venir. L'équipe de direction de l'entreprise commence par rassembler des données financières historiques et des tendances du marché pour prévoir les ventes, les coûts de production, les dépenses de marketing et d'autres éléments pertinents. Sur la base de ces informations, ils créent un budget qui décrit les revenus et les coûts attendus pour chaque mois de l'année.

Le budget comprend les projections des revenus des ventes, les coûts de production, les dépenses de marketing, les frais généraux et autres dépenses opérationnelles. Il comprend également des projections de flux de trésorerie pour garantir que l'entreprise dispose de liquidités suffisantes pour faire face à ses obligations financières. Tout au long de l'année, l'équipe de direction compare les performances financières réelles au budget et apporte les ajustements nécessaires pour rester sur la bonne voie.

2. Analyse financière

L'analyse financière est le processus d'évaluation de la santé financière et des performances d'une organisation en examinant ses états financiers, ses indicateurs de performance clés et d'autres données financières. L'objectif de l'analyse financière est d'évaluer la stabilité financière, la rentabilité et l'efficacité d'une organisation et de prendre des décisions éclairées sur la base des résultats.

Exemple : Prenons l'exemple d'une entreprise de vente au détail qui souhaite réaliser une analyse financière pour évaluer ses performances au cours de l'année écoulée. L'analyste financier de l'entreprise commence par rassembler le compte de résultat, le bilan et le tableau des flux de trésorerie de l'entreprise pour analyser sa situation financière.

L'analyste calcule des ratios financiers clés tels que les ratios de rentabilité (par exemple, la marge brute, la marge bénéficiaire nette), les ratios de liquidité (par exemple, le ratio de liquidité générale, le ratio de liquidité) et les ratios d'efficacité (par exemple, la rotation des stocks, la rotation des comptes clients). En analysant ces ratios et en les comparant aux références du secteur ou aux tendances historiques, l'analyste peut identifier les points forts et les points faibles de la performance financière de l'entreprise.

Sur la base de l'analyse financière, l'équipe de direction de l'entreprise peut prendre des décisions éclairées dans des domaines tels que les stratégies de tarification, les mesures de contrôle des coûts, les opportunités d'investissement et les options de financement pour améliorer les performances financières de l'entreprise.

3. Gestion des flux de trésorerie

La gestion des flux de trésorerie est le processus de surveillance, d'analyse et d'optimisation des entrées et sorties de trésorerie d'une organisation afin de garantir des liquidités suffisantes pour les opérations quotidiennes et la croissance future. Une gestion efficace des flux de trésorerie implique la prévision des flux de trésorerie, la gestion du fonds de roulement, l'optimisation des soldes de trésorerie et la mise en œuvre de stratégies pour améliorer l'efficacité des flux de trésorerie.

Exemple : Prenons l'exemple d'une start-up technologique qui connaît une croissance rapide et doit gérer efficacement ses flux de trésorerie pour soutenir ses projets d'expansion. L'équipe financière de l'entreprise commence par prévoir les entrées de trésorerie de l'entreprise provenant du chiffre d'affaires et des produits d'investissement, ainsi que les sorties de fonds liées aux dépenses d'exploitation, aux dépenses en capital et au remboursement de la dette.

L'équipe surveille régulièrement les flux de trésorerie de l'entreprise pour identifier tout manque ou excédent de trésorerie potentiel et prend des mesures proactives pour y remédier. Cela peut inclure la négociation des conditions de paiement avec les fournisseurs, l'accélération du recouvrement des comptes clients, la gestion des niveaux de stocks ou l'obtention d'un financement supplémentaire pour soutenir les initiatives de croissance.

En mettant en œuvre des pratiques efficaces de gestion des flux de trésorerie, l'entreprise peut s'assurer qu'elle dispose de suffisamment de liquidités pour faire face à ses dépenses d'exploitation, poursuivre les opportunités de croissance et faire face à tout défi financier inattendu qui pourrait survenir.

En conclusion, la budgétisation, l'analyse financière et la gestion des flux de trésorerie sont des éléments essentiels de la gestion financière qui jouent un rôle essentiel dans l'orientation des décisions financières d'une organisation. En mettant en œuvre de saines pratiques de gestion financière et en utilisant ces outils efficacement, les organisations peuvent optimiser leurs performances financières, atténuer les risques et atteindre leurs objectifs stratégiques.

Chapitre 11 : Gestion du marketing

Le marketing est une fonction cruciale dans toute organisation qui implique de comprendre les besoins et les désirs des clients, de créer de la valeur pour les clients et de fournir cette valeur efficacement pour stimuler la croissance de l'entreprise. La gestion du marketing est le processus de planification, de mise en œuvre et de contrôle des activités de marketing pour atteindre les objectifs de l'organisation. Dans ce chapitre, nous aborderons les aspects clés de la gestion du marketing, notamment les stratégies marketing, les études de marché, l'image de marque et les promotions.

Stratégies marketing:

Les stratégies marketing sont les plans ou approches généraux que les organisations utilisent pour atteindre leurs objectifs marketing. Ces stratégies sont élaborées sur la base d'une compréhension approfondie du marché cible, de la concurrence et des capacités de l'organisation. Des stratégies marketing efficaces aident les entreprises à acquérir un avantage concurrentiel, à augmenter leur part de marché et à stimuler leur croissance. Explorons quelques stratégies marketing courantes utilisées par les organisations :

1. Stratégie de différenciation : L'une des stratégies marketing les plus utilisées est la différenciation des produits. Les entreprises différencient leurs produits ou services en mettant en avant des caractéristiques, un design, une qualité ou un service client uniques pour se démarquer sur le marché. Par exemple, Apple différencie ses produits en se concentrant sur l'innovation, le design et l'expérience utilisateur, se distinguant ainsi de ses concurrents.

2. Stratégie de leadership en matière de coûts : dans cette stratégie, les entreprises s'efforcent de devenir le producteur à faible coût de leur secteur. En réduisant les coûts grâce à des opérations efficaces, des économies d'échelle ou des avantages en matière d'approvisionnement, les entreprises peuvent proposer des produits ou des services à des prix inférieurs à ceux de leurs concurrents. Walmart est un excellent exemple d'entreprise qui a mis en œuvre avec succès une stratégie de leadership en matière de coûts dans le secteur de la vente au détail.

3. Stratégie de marketing de niche : le marketing de niche consiste à cibler un segment spécifique du marché avec des besoins ou des préférences uniques. En se concentrant sur un marché de niche, les entreprises peuvent adapter leurs produits ou services pour répondre aux exigences spécifiques de ce segment et constituer une clientèle fidèle. Parmi les exemples d'entreprises utilisant le marketing de niche figurent Toms Shoes, qui cible les consommateurs socialement conscients, et GoPro, qui s'adresse aux amateurs de sports d'action.

4. Stratégies de croissance : les stratégies de croissance visent

à étendre la présence sur le marché ou à augmenter les ventes de produits existants. Ces stratégies peuvent inclure la pénétration du marché (vendre davantage de produits existants sur les marchés actuels), le développement du marché (accéder à de nouveaux marchés avec des produits existants), le développement de produits (introduire de nouveaux produits sur les marchés existants) ou la diversification (l'expansion vers de nouveaux produits et de nouveaux marchés). . Par exemple, Coca-Cola a poursuivi son développement de marché en pénétrant les marchés émergents d'Asie et d'Afrique.

Étude de marché:

L'étude de marché est un élément essentiel de la gestion marketing qui implique la collecte, l'analyse et l'interprétation d'informations sur les tendances du marché, le comportement des consommateurs, les concurrents et l'environnement commercial global. Les études de marché fournissent des informations précieuses qui guident la prise de décision et aident les organisations à identifier les opportunités et les défis du marché. Explorons quelques aspects clés de l'étude de marché :

1. Types d'études de marché : Les études de marché peuvent être classées en deux types principaux : la recherche primaire et la recherche secondaire. La recherche primaire consiste à collecter des données de première main directement auprès du marché cible au moyen d'enquêtes, d'entretiens, de groupes de discussion et d'observations. La recherche secondaire consiste à rassembler des données existantes provenant de sources telles que des rapports industriels, des publications gouvernementales et des études universitaires.

2. **Segmentation du marché** : la segmentation du marché est le processus de division du marché en groupes distincts de consommateurs ayant des besoins, des préférences et des caractéristiques similaires. En identifiant les segments de marché, les entreprises peuvent adapter leurs stratégies et offres marketing pour répondre efficacement aux exigences spécifiques de chaque segment. Par exemple, une entreprise de cosmétiques peut segmenter son marché en fonction de données démographiques (âge, sexe), psychographiques (mode de vie, valeurs) ou comportement (modèles d'utilisation).

3. **Analyse concurrentielle** : l'analyse concurrentielle consiste à évaluer les forces, les faiblesses, les stratégies et les positions sur le marché des concurrents afin d'identifier les opportunités et les menaces sur le marché. En comprenant le paysage concurrentiel, les entreprises peuvent développer des stratégies pour se différencier, capitaliser sur les faiblesses de leurs concurrents et améliorer leur avantage concurrentiel. Des outils tels que l'analyse SWOT (forces, faiblesses, opportunités, menaces) sont couramment utilisés pour l'analyse concurrentielle.

4. **Recherche sur le comportement des consommateurs** : Comprendre le comportement des consommateurs est essentiel pour développer des stratégies de marketing efficaces. La recherche sur le comportement des consommateurs explore comment et pourquoi les consommateurs prennent des décisions d'achat, quels facteurs influencent leurs choix et comment ils interagissent avec les produits et les marques. En obtenant des informations sur les préférences, les motivations et les attitudes des consommateurs, les entreprises peuvent mieux répondre aux besoins des clients et créer des campagnes marketing

ciblées.

Image de marque et promotions :

L'image de marque et les promotions jouent un rôle crucial pour façonner la perception des clients, renforcer la notoriété de la marque et stimuler les ventes. Les marques fortes ont le pouvoir de créer des liens émotionnels avec les consommateurs, de favoriser la fidélité et de différencier les produits sur un marché encombré. Examinons les concepts de branding et de promotions et leur impact sur la gestion marketing :

1. Image de marque : l'image de marque englobe le processus de création d'une identité, d'une image et d'une réputation uniques pour un produit, un service ou une entreprise. Une marque forte est plus qu'un simple logo ou un nom ; il représente les valeurs, la personnalité et la promesse qu'une entreprise transmet à ses clients. Les marques différencient non seulement les produits de leurs concurrents, mais créent également de la confiance, de la fidélité et de la reconnaissance parmi les consommateurs. Des exemples de marques mondiales à succès incluent Apple, Nike, Coca-Cola et Disney.

2. Capital de marque : Le capital de marque fait référence à la valeur intangible qu'une marque détient dans l'esprit des consommateurs. Il représente la perception, la conscience et les associations que les consommateurs ont avec une marque, influençant leurs décisions d'achat et leur fidélité. Le capital de marque peut être construit grâce à des messages de marque cohérents, des produits ou services de qualité, des expériences client positives et des efforts de marketing efficaces. Les

entreprises bénéficiant d'une forte image de marque peuvent exiger des prix plus élevés, gagner des parts de marché et relever plus efficacement les défis concurrentiels.

3. Positionnement de la marque : le positionnement de la marque implique de définir la manière dont une marque est perçue distinctement sur le marché par rapport à ses concurrents. Cela comprend l'identification de la proposition de valeur unique, du public cible et des messages clés qui différencient la marque. Un positionnement de marque efficace aide les entreprises à construire une identité de marque forte, à communiquer leur promesse de marque et à se connecter avec les consommateurs sur le plan émotionnel. Par exemple, Volvo se positionne comme une marque axée sur la sécurité, ciblant les familles et les consommateurs soucieux de leur sécurité.

4. Promotions : les promotions sont des activités de marketing conçues pour communiquer avec les clients, susciter l'intérêt et stimuler les ventes de produits ou de services. Les stratégies promotionnelles peuvent inclure la publicité, les promotions des ventes, les remises, les concours, les parrainages, les événements et les campagnes de relations publiques. L'objectif des promotions est de créer une notoriété de marque, de stimuler la demande, d'augmenter les ventes et d'interagir avec les clients. Des promotions réussies peuvent aider les entreprises à atteindre de nouveaux publics, à renforcer les relations clients et à atteindre leurs objectifs marketing.

5. Communications marketing intégrées (IMC) : les communications marketing intégrées sont une approche qui aligne toutes les activités de communication marketing pour délivrer

un message cohérent et unifié sur différents canaux et points de contact. IMC veille à ce que tous les efforts promotionnels, y compris la publicité, les relations publiques, le marketing direct, les médias sociaux et la vente personnelle, travaillent en synergie pour créer une expérience de marque cohérente pour les clients. En intégrant les canaux de communication et les messages, les entreprises peuvent améliorer la cohérence de leur marque, atteindre efficacement les publics cibles et maximiser l'impact de leurs efforts marketing.

En conclusion, la gestion marketing est une discipline aux multiples facettes qui nécessite une compréhension approfondie des clients, des marchés, des concurrents et des capacités internes. En développant des stratégies marketing efficaces, en menant des études de marché complètes, en créant des marques fortes et en exécutant des promotions attrayantes, les organisations peuvent stimuler la croissance, fidéliser leurs clients et réussir à long terme dans un environnement commercial dynamique. Le marketing ne consiste pas seulement à vendre des produits ou des services ; il s'agit de créer de la valeur, d'établir des relations et d'établir des liens significatifs avec les clients pour stimuler une croissance durable de l'entreprise.

Chapitre 12 : Gestion des opérations

La gestion des opérations est un aspect crucial de toute organisation, impliquant la conception, la gestion et l'amélioration des processus qui créent des biens ou des services. Ce chapitre se concentre sur trois éléments clés de la gestion des opérations : l'amélioration des processus, la gestion de la qualité et la gestion de la chaîne d'approvisionnement. Chacun de ces domaines joue un rôle essentiel dans l'optimisation des opérations et dans la garantie de l'efficience et de l'efficacité d'une organisation. Dans cette explication détaillée, nous approfondirons chacun de ces composants, en fournissant des exemples et en soulignant leur importance dans la réussite de l'organisation.

L'amélioration des processus

L'amélioration des processus consiste à améliorer l'efficience et l'efficacité des processus opérationnels au sein d'une organisation. Cela implique d'identifier les domaines qui peuvent être améliorés, d'analyser les flux de travail actuels et de mettre en œuvre des changements pour rationaliser les opérations et éliminer le gaspillage. Diverses méthodologies et outils sont utilisés dans l'amélioration des processus, tels que Six Sigma, Lean et Total Quality Management (TQM). Ces méthodologies visent à standardiser les processus, à réduire les défauts, à améliorer la productivité et, à terme, à obtenir de meilleurs résultats.

Exemples d'amélioration des processus :
1. Mise en œuvre de Six Sigma : Six Sigma est une méthodologie basée sur les données qui vise à améliorer les résultats des processus en identifiant et en éliminant les défauts. Par exemple, une entreprise manufacturière peut utiliser Six Sigma pour réduire les défauts de sa chaîne de production, conduisant ainsi à des produits de meilleure qualité et à des coûts inférieurs.

2. Lean Manufacturing : les principes du Lean se concentrent sur la réduction des déchets et l'optimisation de l'efficacité. Un exemple de production allégée serait la mise en œuvre d'un système d'inventaire juste à temps pour réduire les coûts de possession des stocks et améliorer la rotation des stocks.

3. Gestion de la qualité totale (TQM) : TQM implique l'amélioration continue des processus, des produits et des services pour répondre ou dépasser les attentes des clients. Par exemple, une organisation de services peut utiliser TQM pour recueillir les commentaires des clients, identifier les domaines à améliorer et améliorer les processus de prestation de services.

L'amélioration des processus est un effort continu qui nécessite une collaboration entre différents départements et niveaux d'une organisation. En affinant continuellement leurs processus, les organisations peuvent atteindre une productivité plus élevée, réduire les coûts et améliorer la satisfaction des clients.

Gestion de la qualité

CHAPITRE 12 : GESTION DES OPÉRATIONS

La gestion de la qualité est un aspect fondamental de la gestion des opérations qui vise à garantir que les produits ou services répondent ou dépassent les attentes des clients. Cela implique d'établir des normes de qualité, de surveiller les performances et de mettre en œuvre des processus pour offrir une qualité constante. La gestion de la qualité peut aider les organisations à bâtir une réputation positive, à fidéliser leurs clients et à favoriser une amélioration continue.

Exemples de gestion de la qualité :

1. Inspections de contrôle qualité : effectuer des inspections de qualité à différentes étapes de la production pour identifier les défauts et garantir que les produits répondent aux normes de qualité. Par exemple, un constructeur automobile peut inspecter chaque véhicule avant qu'il ne quitte l'usine pour s'assurer qu'il répond aux exigences de sécurité et de qualité.

2. Certification ISO 9001 : L'obtention de la certification ISO 9001 démontre l'engagement d'une organisation envers la gestion de la qualité. Par exemple, une société de développement de logiciels peut demander la certification ISO 9001 pour garantir que ses produits répondent aux normes de qualité internationales.

3. Initiatives d'amélioration continue : mettre en œuvre des initiatives telles que Kaizen, qui impliquent de petites améliorations continues des processus et des produits. Par exemple, un organisme de santé peut utiliser Kaizen pour réduire les temps d'attente des patients et améliorer la qualité des soins.

Les pratiques de gestion de la qualité aident les organisations à identifier les domaines à améliorer, à réduire les défauts et à améliorer la satisfaction des clients. En donnant la priorité à la qualité, les organisations peuvent créer un avantage concurrentiel et établir des relations à long terme avec les clients.

Gestion de la chaîne d'approvisionnement

La gestion de la chaîne d'approvisionnement consiste à superviser le flux de biens, de services, d'informations et de finances des fournisseurs vers les clients. Il englobe l'ensemble du processus d'approvisionnement, de production et de livraison de produits ou de services pour répondre de manière efficace et efficiente à la demande des clients. Une gestion efficace de la chaîne d'approvisionnement peut aider les organisations à réduire leurs coûts, à améliorer leur service client et à accroître leur compétitivité sur le marché.

Exemples de gestion de la chaîne d'approvisionnement :

1. Gestion des relations avec les fournisseurs : établir des relations solides avec les fournisseurs pour garantir un approvisionnement stable en matières premières et en composants. Par exemple, un détaillant de vêtements peut travailler en étroite collaboration avec des fournisseurs de textiles pour obtenir des matériaux de haute qualité à des prix compétitifs.

2. Prévision de la demande : utilisation des données historiques et des tendances du marché pour prédire la demande future de produits. Par exemple, un fabricant d'électronique grand public peut utiliser la prévision de la demande pour optimiser les calendriers de production et éviter les ruptures de stock.

3. Logistique et distribution : gérer le transport, l'entreposage

et l'inventaire pour garantir la livraison en temps opportun des produits aux clients. Par exemple, une entreprise de commerce électronique peut optimiser son réseau logistique pour offrir des options d'expédition rapides et fiables aux clients.

Une gestion efficace de la chaîne d'approvisionnement est essentielle pour que les organisations puissent fonctionner efficacement et répondre aux attentes des clients. En optimisant les processus de la chaîne d'approvisionnement, les organisations peuvent réduire les délais de livraison, améliorer la gestion des stocks et améliorer les performances opérationnelles globales.

En conclusion, l'amélioration des processus, la gestion de la qualité et la gestion de la chaîne d'approvisionnement font partie intégrante de la gestion des opérations et jouent un rôle crucial dans la réussite de l'organisation. En se concentrant sur l'amélioration continue, l'assurance qualité et les opérations efficaces de la chaîne d'approvisionnement, les organisations peuvent rationaliser les processus, fournir des produits et services de haute qualité et obtenir un avantage concurrentiel sur le marché. L'adoption de ces principes et pratiques peut aider les organisations à s'adapter aux conditions changeantes du marché, à améliorer la satisfaction des clients et à atteindre une croissance durable à long terme.

www.ingramcontent.com/pod-product-compliance
Lightning Source LLC
Chambersburg PA
CBHW050118230526
45470CB00004B/1883